بِسْمِ اللَّهِ الرَّحْمٰنِ الرَّحِيمِ

Bismi Allahi Ar-Rahmani Ar-Rahimee

Au nom d'Allah, le Tout Miséricordieux, le Très Miséricordieux

Le Ramadan en Islam

Rappels pour le Ramadan: Sagesses et Traité sur la moralité

Sommaire:

Rappels pour le Ramadan 7

Les règles du jeûne 7

Prière de Tarawih 8

Le début et la clôture 10

Les facilités du jeûne 12

Les dégâts de la langue 14

Le mois de miséricorde 16

Stage de piété 17

L'ouverture du paradis 18

Ils ont aussi jeûné 19

Les formes de jeûne 20

Le mois du coran 21

Le mois de la générosité 23

La bataille de Badr 25

Et après ramadan ? 27

Les dix derniers jours 28

Le petit pèlerinage 29

La retraite spirituelle 30

Les formes de prescription 31

La nuit du destin 33

La meilleure fin 34

Le jour de fête 36

31 Sagesses pour le Ramadan 38

Traité sur la moralité pour le Ramadan 98
L'Amour 98
L'écoute 100
L'acte de se prémunir 102
L'altruisme 104
L'évocation d'Allah 106
L'humilité 108
L'invocation 110
La bonté 112
La clairvoyance 114
La compagnie 116
La constance 118
La méditation 120
La politesse 122
La puissance 124
La reconnaissance 126
La retraite 128
La sagesse 130
La satisfaction 132
Le djihad 134
Le repentir 136
La pudeur 138
La sincérité 140

La véracité 142

L'autocritique 144

L'endurance 146

La mesure 148

La sérénité 150

Le renoncement 152

Le savoir 154

Placer sa confiance 156

Se défaire de tout 158

- CADEAU -

Pour vous remercier de votre achat, nous souhaitons vous offrir une copie gratuite en version PDF qui'elle parle à propos de la spiritualité en Islam

Rappels pour le Ramadan

> ➤ **Les règles du jeûne**

Le mot ramadan en arabe signifie la chaleur intense, on l'appelle ainsi car c'est le neuvième mois lunaire qui jadis coïncidait avec les périodes de grande chaleur. Quant au mot al syam, c'est-à-dire le jeûne, il désigne littéralement l'abstinence. La durée du jeûne. Son temps débute dès l'heure de la prière de l'aube jusqu'au coucher effectif du soleil. Allah dit: «Et mangez et buvez jusqu'à ce qu'il vous soit clair la blancheur de la noirceur du matin puis complétez votre jeûne jusqu'à la nuit». (s.2, v.187)
Ce qui n'annule pas le jeûne. On peut citer les exemples suivants : une visite chez le gynécologue pour pratiquer un frotti vaginal, le don de sang, les vaccinations, les perfusions, embrasser son épouse (sans pour autant aller trop loin), avoir une érection ou une éjaculation à condition qu'elles n'aient pas été provoquées, se mettre du parfum, se brosser les dents, mettre du gel... Ce qui annule la récompense. En voici quelques exemples : commettre de la médisance, calomnier, être grossier, ne pas faire ses prières... En bref, tout acte considéré comme illicite. Comme le dit le Prophète : «Celui qui ne s'abstient pas des grossièretés dans ses paroles et actes, qu'il sache qu'Allah n'a pas besoin de son abstinence face à la nourriture et à la boisson» (Bukhari)

➢ **Prière de Tarawih**

Signification de tarawih : Le terme tarawih est le pluriel de tarwiha, qui signifie littéralement des moments de pause et de repos. La prière de tarawih, dans plusieurs ahadiths, le Prophète (saw) recommande aux croyants de consacrer une partie de la nuit à prier au même titre qu'ils ont jeûné durant la journée. Il dit : «Celui qui jeûne les journées de ramadan par conviction et par recherche de l'agrément d'Allah verra tous ses péchés absous» (Bukhari) et: «Celui qui prie les nuits de ramadan avec conviction et par recherche de l'agrément d'Allah verra tous ses péchés absous» (Bukhari).

A quelle heure la prier ? En réalité, le croyant dispose du temps entre la prière de la nuit (isha) et celle de l'aube (fadjr) pour prier tarawih. Cependant, il est plus souhaitable de l'accomplir aussitôt après la prière de la nuit.

Le nombre d'unité (rakaat) : En règle générale, chacun peut prier le nombre d'unité qu'il lui convient de deux unités à autant que possible. Tout en sachant que le Prophète avait pour habitude de prier entre onze et treize unités en comptant l'impair (witr), comme il est rapporté dans Bukhari et Muslim. Mais sous le règne du deuxième calife, notre maître Omar, l'avait fixé à vingt trois unités de prière en incluant l'impair et aucun compagnon de l'époque n'ont émis d'opposition. En conclusion, le choix nous appartient en fonction de ce qui nous convient : «Œuvrez selon vos capacités car votre Seigneur se lassera de vous que si vous vous lassez de Lui» (Bukhari)

En groupe ou seul ? On peut prier tarawih seul ou en groupe tout en sachant que la prière en groupe à vingt sept fois plus de récompenses que celle faite individuellement.

A la maison ou à la mosquée ? En règle générale, les meilleures prières obligatoires sont celles que l'on fait à la mosquée et les meilleures prières surérogatoires sont celles accomplies à la maison. Comme le dit le Prophète : «Ne laissez pas vos demeures telles des tombes, illuminez-les par des prières surérogatoires» (Ahmad)

La lecture du coran : Il est souhaitable de clôturer au minimum une fois le coran durant les prières du mois de ramadan même deux fois selon l'école Hanafite. Ceci, bien évidemment pour ceux qui ont mémorisé le coran.

➢ **Le début et la clôture**

Le petit-déjeuner de l'aube (souhour) : Le Prophète insistait auprès de ses compagnons afin qu'ils se restaurent le matin avant de débuter le jeûne, il disait à ce sujet : «Mangez à l'aube car il y'a en ce repas une bénédiction divine» (Bukhari). D'autre part, ce petit-déjeuner n'est pas un exercice de gavage ! Gare à vous de ne pas être comme ceux dont Allah à dit: «Ils mangent et jouissent tels des animaux» (s.47, v.12)

L'heure de ce repas de l'aube : Comme il est rapporté dans plusieurs ahadiths, il est souhaitable de finir de manger une trentaine de minute avant l'appel à la prière de fajr. Cette attitude nous permet de prendre le temps de digérer et de se préparer à la prière en toute sérénité. Néanmoins, sachez à titre informatif, qu'il est permis de continuer à manger et boire jusqu'à l'heure de l'appel à la prière.

N.B : Dans le cas où on est en train de manger et qu'on entend l'appel à la prière, le Prophète nous recommande de finir ce qui se trouve devant nous. Précisons, toutefois qu'il ne faut pas abuser de cette facilité, car en réalité on ne dispose que de très peu de minutes pour finir de manger.

La rupture du jeune (iftar) En ce qui concerne la rupture du jeûne, elle doit avoir lieu dès qu'il est l'heure de l'appel à la prière du crépuscule. Il est fortement déconseillé de la retarder, comme font certains, en signe de bravoure alors que ce n'est absolument pas le cas. Quant au muezzin, il se doit de rompre son jeûne avant d'appeler à la prière.

Il est aussi recommandé de rompre le jeûne avec des dattes ou par défaut de l'eau. Puis vient l'heure de l'accomplissement de la prière du crépuscule avant de s'adonner aux délices de la nourriture, tout en ayant à l'esprit la belle parole de notre bien-aimé, le Prophète: «Le fils ne peut remplir un récipient pire que son ventre, quelques bouchées doivent lui suffire afin de se fortifier et s'il est obligé de manger, qu'il consacre alors un tiers à la nourriture, un tiers à la boisson et un tiers à sa respiration» (Tirmidhi)

➢ **Les facilités du jeûne**

On dénombre à de nombreuses reprises ce type de verset : «Allah veut certes pour vous la facilité et non pas la difficulté» (s.2, v.185), et dans autre verset «point de contrainte dans la religion» (s.2, v.257), ou encore «il n'a pas mis pour vous de gêne dans la religion» (s.22, v.78), En effet, Allah dit : «Ô vous qui avez cru, il vous a été prescrit (le jeûne) comme il a été prescrit à ceux qui vous ont précédés afin que vous soyez pieux. Des jours limités. Ceux parmi vous qui sont malades ou en voyage, ils le rattraperont en d'autres jours, quant à ceux qui ont du mal, ils peuvent à la place donner de la nourriture aux pauvres» (s.2, v.183/184).

L'étude de ce verset laisse apparaître sept moyens de facilité et de flexibilité détaillés ci-dessous :

« O vous qui avez cru… » Cette formule démontre que le musulman ne peut être celui qui éprouve des difficultés dans l'accomplissement du jeûne. Sa foi lui permet d'être armé contre toutes défaillances.

« [...] A ceux qui vous ont précédés » Allah dit : «Le jeûne vous a été prescrit comme il l'a été pour ceux qui vous ont précédés», autrement dit il n'y a rien d'extraordinaire puisque les autres communautés ont-elles-même pratiqué le jeûne. L'islam n'est donc pas une exception en la matière.

« **Afin que vous soyez pieux** » Cette conclusion révèle
le but. Chacun sait que l'efficacité d'un médicament ne
peut être jugée selon l'amertume de son goût.
En comparaison, la pénibilité du jeûne ne fait pas le
poids face au but suprême : la piété.
« **Des jours limités** » Rappelons que le jeûne n'a lieu
que trente jours sur trois cent soixante-cinq que compte
l'année. En outre, il s'agit uniquement de la journée et
non pas de la nuit. On ne peut donc pas parler
réellement de contrainte.
« **Les malades et les voyageurs** » Les malades, atteints
d'une maladie qui empêche le jeûne ou ceux qui sont
soumis à un traitement médicamenteux, en sont
exemptés. De même en ce qui concerne les voyageurs
ayant parcouru une distance de plus de quatre-vingt-
trois kilomètres, ils en sont exemptés également et ont la
possibilité de reporter les jours manqués.
« Ceux qui le supportent difficilement » Ici, il s'agit de
ceux atteints d'une maladie incurable, des femmes
enceintes, de celles qui allaitent ou encore des personnes
âgées, ils sont également exemptés du jeûne et peuvent
tout simplement à la place nourrir un pauvre tous les
soirs ou lui donner l'équivalent de dix euros en moyenne.
Quant aux enfants impubères, le jeûne ne leur est pas
obligatoire.
Précisons que certains savants considèrent que les
femmes enceintes ou qui allaitent sont tenues de
rattraper le jeûne ultérieurement au lieu de verser une
aumône.

➤ Les dégâts de la langue

«Celui parmi vous qui croit en Allah et au jour dernier alors qu'il dise du bien ou qu'il se taise». (Bukhari) «Celui qui ne s'abstient pas des grossièretés dans ses paroles et actes qu'il sache qu'Allah n'a point besoin de son abstinence dans la nourriture et la boisson». (Bukhari). «L'Homme peut dire une petite parole à laquelle il n'accorde aucune considération alors que celle-ci le rapproche de l'enfer de soixante dix coudées ».
Les excès de la langue se résument en ces quelques points suivants :

Le mensonge : Le Prophète dit à ce propos: «abstenez-vous des mensonges car les mensonges mènent droit vers la perversion et la perversion mène droit vers la fournaise et l'Homme ne cessera de mentir jusqu'à ce qu'il soit considéré auprès d'Allah comme menteur» (Muslim). Dans le coran on peut également lire : «Que la malédiction d'Allah soit sur les menteurs». (S.3- v.61)

La médisance et la calomnie : Le Prophète définit la médisance comme étant le fait de dire les manquements de quelqu'un en son absence. Un jour alors qu'il interdisait la médisance à un homme celui-ci lui dit : «Ô messager de Dieu je n'ai fait que dire la vérité sur lui». Le prophète lui dit : «C'est cela la médisance et si ce que tu as dit sur lui n'était pas la vérité alors ça aurait été de la calomnie» (Muslim). Le coran nous enseigne aussi : «Et que les uns ne médisent pas sur les autres, l'un d'entre vous aimerait-il manger la chair de son frère mort? Vous le détesteriez» (S.49-v.12)

Le croyant comme le dit le Prophète est : «celui qui ne nuit pas aux autres ni par sa langue ni par sa main» (Bukhari). Les dégâts des mots sont parfois là où on ne les imagine pas, le Prophète dit : «Il suffit pour être considéré comme un menteur de répéter tout ce qu'on entend» (Muslim). Profitons alors de ce mois béni afin d'éduquer nos langues pour faire partie de ceux dont Allah a vanté les mérites en disant : «Ils ont été guidés vers la pureté dans les paroles et ont été guidés vers un chemin droit». (S.22-v.24)

➢ Le mois de miséricorde

«Le premier tiers du mois de ramadan est miséricorde» (Bayhaqi).

La miséricorde est une notion à laquelle l'islam accorde beaucoup d'importance. D'ailleurs, le premier verset coranique débute ainsi: «Au nom d'Allah le tout miséricordieux le très miséricordieux». En effet, Allah dit en s'adressant au Prophète: «Nous ne t'avons envoyé que pour que tu sois une miséricorde pour l'humanité» (S.21-v.107)

Et le Prophète, quant à lui, disait en approuvant ce verset: «Je suis le don de miséricorde fait à l'humanité» (Hakim). De plus, il est de tradition chez les oulémas d'enseigner en premier à leurs élèves (dans la science de hadith) la sage parole prophétique suivante: «Le miséricordieux leur fera don de miséricorde ; soyez miséricordieux envers ceux de la terre et celui au-dessus du ciel vous fera miséricorde» (Tirmidhi).

Ce qui nous évoque un récit dans lequel un homme voyant le Prophète jouer et embrasser ses petits-enfants lui dit : «Ô Messager de Dieu j'ai une dizaine d'enfants et ils n'osent pas jouer avec moi de cette sorte».

Le Prophète lui réplique alors sans attendre : «Je ne peux rien pour toi si ton cœur a été dénué de toute miséricorde» (Muslim).

> ➢ Stage de piété

«Ô vous qui avait cru le jeûne vous a été prescrit comme il a été prescrit à ceux qui vous ont précédé afin que vous puissiez être pieux» (S.2-v.183)
Nous vous proposons donc de tenter de saisir le sens et la portée du mot taqoua. Ce terme désigne littéralement le fait de se prémunir contre un mal. La piété ouvre la porte à tous biens, par exemple, Allah dit à ceux qui sont à la recherche du savoir et de la compréhension : «Soyez pieux et Allah vous enseignera» (S.2-v.282), à ceux qui sont à la recherche de la bénédiction et de l'abondance : «Et si les gens du livre avaient cru en leur Seigneur et avaient été pieux nous leurs aurions certes ouvert les bénédictions du ciel et de la terre». (S.7-v.96)
Dans un autre verset, Allah démontre que la piété est la voie possible vers le repentir et la rédemption, Il dit : «Et si les habitants des cités avaient cru et avaient été pieux nous leurs aurions pardonné leurs méfaits». (S.5-v.65)
La piété mène vers l'acceptation, l'amour d'Allah et la bonne fin. Allah dit : «Allah n'accepte que l'œuvre des pieux». (S.5-v.27)
Il dit aussi : «[...] ses alliés ne sont autres que des pieux» (S.8-v.34) et : «[...] La bonne fin appartient aux pieux» (S.28-v.83). Pour mieux comprendre les piliers de la piété en islam, nous vous proposons de nous en référer à notre maître, l'imam Ali, lorsqu'il dit : «la piété c'est l'exercice de quatre choses : la crainte d'Allah, la mise en pratique des enseignements du coran, se contenter de ce qui nous est attribué et se préparer au retour vers Dieu».

➤ L'ouverture du paradis

«Lorsque le ramadan débute, les portes du paradis sont ouvertes celles de l'enfer fermées, les diables enchainés et l'on s'adresse à l'humanité : «Ô toi qui cherches le bien approche-toi et ô toi qui cherches le mal abstiens-toi». (Tirmidhi)

On distingue que quatre phrases témoignant de faveurs particulières se dégagent de cette parole prophétique.

Tout d'abord, il est question d'ouverture des portes de paradis ce qui témoigne de l'étendue de la miséricorde de notre Seigneur, qui facilite l'accès à la demeure de sa gratitude le paradis.

Effectivement toute bonne action est davantage rétribuée et ceci quelque soit son ampleur : «Allah ne commet aucune injustice et lorsque l'on œuvre en bien, Il le multiplie et accorde une énorme récompense». (S.4-v.40)

Ensuite il est fait mention de la clôture des portes de l'enfer ce qui dénote d'une part la volonté de notre Seigneur de pardonner à ses serviteurs tous les péchés commis, qui, en temps normal, conduisent à la demeure de sa colère : l'enfer. D'autre part, la fermeture indique que tous les habitants des tombes sont graciés momentanément durant ce mois béni.

Enfin, le Prophète nous apprend que les diables sont enchainés durant ce mois.

➢ **Ils ont aussi jeûné**

«Ô vous qui avez cru, le jeûne vous a été prescrit comme il a été prescrit à ceux qui vous ont précédés».
(S.2-v.183)
Ce noble verset fait référence ici aux communautés antérieures qui ont connu le jeûne, il s'agit de communautés monothéistes datant du prophète Adam jusqu'au prophète Mohamed.
Ceci étant dit, des sources authentiques affirment que certaines communautés polythéistes ont connu le jeûne.
Effectivement, les imams Bukhari et Muslim rapportent selon notre mère Aicha que le jour de Achoura est un jour que la tribu Quraich jeûnait avant l'arrivée de l'islam.
Le dit le Prophète (saw) : «Si ma communauté connaissait les bienfaits que renferme Ramadan alors elle aurait souhaité que tous les jours de l'année soient pour elle tel Ramadan» (Bayhaqi)

➢ **Les formes de jeûne**

«Comme nous l'avons prescrit à ceux qui vous ont précédés». (S.2-v.183)

Même si les communautés antérieures ont jeûné, elles ne le faisaient pas toutes de la même manière. En effet, chacune d'elles possède une particularité dans son jeûne comme Allah l'explique dans le coran : «A chaque communauté nous avons attribué un culte auquel elle s'adonne». Dans un autre verset, Il dit : «A chacun nous avons désigné un culte et une voie» (S.5-v.48). Après l'étude des différentes sources sur le sujet, nous pouvons affirmer l'existence de quatre formes différentes de jeûne:

1) Le jeûne de la langue : cette forme de jeûne consiste, pour le croyant, à s'abstenir totalement de parler, même en cas d'urgence, comme il est dit dans le coran lors du passage où Allah s'adresse à la sainte Marie : «Dis j'ai fait vœux de jeûne pour mon Seigneur donc je ne parlerai point aujourd'hui à un Homme». (S.19-v.26)

2) Le jeûne du regard : il s'agit, ici, pour celui qui a jeûné de s'isoler et de ne point se mêler au monde extérieur, on parle alors de retraite spirituelle. Cette forme de jeûne était pratiquée auparavant chez certaines communautés évangéliques.

3) Le jeûne de l'esprit, c'est-à-dire se refuser le sommeil afin de rester éveillé pendant une durée déterminée consacrée à l'adoration.

4) Le jeûne du ventre et du sexe, c'est le jeûne que l'on retrouve aujourd'hui chez les musulmans.

➤ Le mois du coran

«Le mois de Ramadan est celui dans lequel le coran fut
révélé comme guidé pour les Hommes». (S.2-v.184)
Ce verset a fait du Ramadan le mois du coran à cause
de sa révélation. Par ailleurs, en réalité tous les autres
livres divins ont été révélés lors de ce même mois comme
le rapporte Ibn Kathir selon Waila Ben Asqaa de la
bouche même du Prophète: «Les feuillets d'Abraham ont
été révélés la première nuit du Ramadan, la torah six
jours avant la fin du Ramadan, l'évangile treize jours
avant la fin du Ramadan». Le coran, comme les autres
livres, ne fait pas figure d'exception. Il fut révélé lors de
la nuit dite du destin comme l'affirme Allah lorsqu'Il dit :
«Nous l'avons certes révélé lors de la nuit du destin».
(S.97-v.1)
Il dit aussi : «Nous l'avons certes révélé en une nuit
bénie». (S.44-v.3)
En effet, la première obligation que le musulman a vis-à-
vis du coran, c'est d'en mémoriser ne serait-ce que
quelques parties, comme le dit le Prophète : «Apprenez-le
coran et lisez-le car le jour dernier il intercèdera en
faveur de ceux qui s'y adonnaient». (Muslim)
Quant à ceux qui ont mémorisé la totalité du coran, le
Prophète dit à leur sujet : «les personnes les plus nobles
de ma communauté sont ceux qui ont mémorisé le
coran» Bayhaqi. Il dit aussi : «Le meilleur d'entre vous
est celui qui a appris le coran et qui l'a enseigné».
(Bukhari)

Puis nous devons profiter de ce mois pour le réviser et l'étudier car le Prophète dit : «L'archange Jibril me faisait réviser le coran une fois tous les Ramadans sauf cette année où il me l'a fait réviser à deux reprises et je me suis dit c'est donc signe de l'approche de mon retour à Dieu». (Bukhari)

Il est plus juste d'apprendre le verset et ensuite d'en étudier le sens comme le dit Allah : «Lorsque nous le récitons, suit la récitation puis c'est à nous de te l'expliquer». (S.75-v.18/19)

Sans oublier évidemment la bonne mise en application des enseignements du coran à l'instar du Prophète dont notre mère Aicha disait : «Il avait la moralité du coran» (Muslim)

➢ Le mois de la générosité

Le Prophète avait pour habitude de dire : «La charité n'a jamais diminué l'argent.»
Il disait aussi : «Celui qui résout le besoin d'un de ses frères, qu'il sache qu'Allah résoudra tous ses besoins de l'au-delà, celui qui dissipe les soucis d'un croyant, Allah dissipera tous ses soucis de l'au-delà. Allah viendra en aide au serviteur tant que ce dernier vient en aide à son frère».
Contrairement à ce que certains pensent ou affirment, quand on fait allusion à la charité ou à la générosité cela n'induit pas la privation ou le refus du luxe sous-prétexte qu'on compte sur terre des misérables. Certainement pas, la preuve en est: «Allah a mis les uns au-dessus des autres par rapport à la subsistance, ceux qui sont plus riches ne sont nullement tenus de rendre leurs biens à leurs servants afin d'être homogènes», «C'est nous qui avons divisé ainsi leur subsistance dans ce bas monde et avons élevé les uns au-dessus d'autres afin que certains puissent dépendre d'autres».

«Tout ce que vous dépensez en bien c'est Lui qui le double pour vous».

Le cousin du Prophète Ibn Abbas a vécu alors qu'il était dans la mosquée du Prophète en retraite spirituelle (I'tikaf). Il vit un homme soucieux et lorsqu'il lui parla et apprit quel était son souci, alors il mit fin à sa retraite et sortit accompagner l'homme pour l'aider à résoudre son problème. Celui-ci lui dit : «Ô cousin du Messager d'Allah, ne met pas fin à cause de moi à ton adoration!» et Ibn Abbas lui répondit : «Je préfère mille fois t'aider à dissiper tes soucis que de me replier un mois dans la noble mosquée du Messager d'Allah car j'ai entendu ce dernier dire : le meilleur est le plus utile aux hommes et la meilleure des actions c'est une joie que tu fais pénétrer dans le cœur d'un homme».

➢ La bataille de Badr

Le dix-sept Ramadan de l'an 624 (l'an 2 de l'Hégire),
notre bien aimé le prophète et ses compagnons
s'apprêtaient à mener un combat historique, celui qui
allait permettre aux croyants de mettre terme à
l'oppression des tribus qui a duré tout de même jusque-
là quinze années. Elle concéda la reconnaissance de la
souveraineté des musulmans et leur refus de se
soumettre face à la volonté de l'oppresseur.
Mais nous, aujourd'hui, quinze siècles après, lorsque
nous commémorons la bataille de Badr, c'est bien à
l'invitation d'Allah que nous répondons : «Et souvenez-
vous lorsque vous étiez peu nombreux, affaiblis sur la
terre (mecquoise) craignant que les hommes ne se
saisissent de vous ; il (Allah) vous a alors accordé un
refuge soutenu avec la victoire de sa part et vous a
gratifié de choses pures afin que vous soyez
reconnaissants». (s.8 v.26)
Si cette bataille a une symbolique qui doit nous
interpeller c'est bien l'endurance et la persévérance. En
effet, la victoire ne peut être que le fruit de ces deux
éléments «Si vous endurez et êtes pieux, leurs ruses ne
vous nuiront en rien».

Mais il conviendra de comprendre deux réalités :
la première consiste à considérer son égo comme son
ennemi le plus redoutable quant à la deuxième, c'est de
se dire donc logiquement que les ruses de l'âme sont les
plus nuisibles.
Ce qui est là une réelle invitation à la réforme morale
et spirituelle qui ne peut aboutir qu'avec un long combat
contre soi, et une endurance sans faille face aux
multiples passions de l'âme «Celui qui est rebelle et qui
préfère la vie d'ici-bas, la géhenne lui sera un refuge
quant à celui qui redoute sa tenue devant son seigneur
et qui interdit à l'âme les passions, le paradis lui sera
un asile». (S.79 v.37-41)
Et dans un autre verset Allah dit : «Certes a réussi celui
qui l'a purifiée (l'âme) tandis qu'a échoué celui qui l'a
enfoui dans la souillure». (S.91 v.9-10)

➢ **Et après ramadan ?**

1) Sacraliser les pratiques obligatoires. Allah dit : «Mon serviteur ne peut se rapprocher de moi par un moyen meilleur que celui de l'accomplissement des obligations, que je lui ai prescrit» (Bukhari) il dit aussi: «Sacraliser les rituels d'Allah est signe de la piété des cœurs». (s22 v32)

2) Faire des nawafils (les pratiques surérogatoires) Allah dit dans un hadith divin (quodsi) : «Et mon serviteur ne cessera de se rapprocher de moi par les actes surérogatoires jusqu'à ce que je l'aime. Et si je l'aime, alors je deviendrai ses mains par lesquelles il saisit, ses pieds par lesquels il marche. S'il m'implore je lui accorderai ma grâce et s'il se réfugie auprès de moi alors je le défendrai» (Bukhari).

3) Pourvu que ça dure et pas trop lourd ! Comme le dit le prophète : «La meilleure des actions auprès d'Allah est celle qui dure dans le temps même si elle est minime» (Bukhari).
    «Imposez-vous dans les actes facultatifs, que ce que vous aurez la capacité d'honorer» (Bukhari)

➢ Les dix derniers jours

Allah le très haut dit dans le noble coran : «Nous l'avons certes révélé en la nuit du destin, qui te fera savoir ce qu'est la nuit du destin ? La nuit du destin est meilleure que mille mois, les anges ainsi que l'esprit (Gabriel) y descendent par la permission de leur seigneur portant toutes sortes de commandements. Elle (la nuit) est paix jusqu'à l'apparition de l'aube». (S97 V1-5)

Et notre bien aimé le prophète avait pour habitude de rappeler que cette nuit bénite se trouve dans les nuits impaires du dernier tiers. (Bukhari)

Comme le stipule si bien notre bien aimé, le prophète, lorsqu'il dit : «Son premier tiers est miséricorde, le second absolution et le dernier une protection contre l'enfer» (Bukhari). Mais il y a bien là une question qui doit préoccuper chacun, à savoir, comment agir pour être à la hauteur des attentes de notre Seigneur ?

En d'autres termes, comment mériter Son pardon ainsi que Sa protection? La réponse, nous la trouvons chez la mère des croyantes, Aicha, qu'Allah l'agrée, lorsqu'elle dit : «Lorsqu'arrivaient les dix derniers jours du mois de ramadan, le prophète abandonnait son lit, réveillait sa famille et s'adonnait à l'adoration» (Bukhari)

Le coran nous enseigne à tous, un principe fondamental, à savoir que la manière dont le croyant clôture ses adorations montre son acceptation par Allah :

«La bonne fin est l'exclusivité des pieux». (S7 v128)

➢ *Le petit pèlerinage*

«L'accomplissement du petit pèlerinage dans le mois de ramadan équivaut à la récompense d'un pèlerinage» (Tirmidhi)

Cet acte rappelle également la manière dont il se présentera devant son seigneur le jour dernier, démuni de tout ce qui auparavant faisait sa fierté : «Vous nous êtes certes revenu seul comme nous vous avions crée auparavant». (S6 V94)

Puis, mettant la Kaaba à sa gauche, il en fera 7 fois le tour montrant ainsi que le centre de gravité de sa vie reste sa foi et son seigneur. Il embrasse la pierre noire, comme le fit notre bien-aimée le prophète, avant de prier en face du maqam Ibrahim.

A ce stade, il ne lui restera plus qu'à parcourir 7 fois la distance qui sépare les 2 monts : Safa et Marwa.

Une fois ce rituel accompli, le fidèle se coupe les cheveux et se dirige vers la source de ZAMZAM et en buvant il se souviendra certes de la parole de notre bien-aimée le prophète : «toute invocation formulée au moment de boire l'eau bénite de zamzam est exaucée» (Bayhaqi)

➢ **La retraite spirituelle**

Comment se déroule la l'tikaf? L'accomplissement de la retraite spirituelle pendant les 10 derniers jours du mois de ramadan nécessite le respect de certaines règles et conditions afin de ne pas en annuler la validité ou son acceptation. On peut citer :

1) La mosquée. En effet, il doit se faire que dans une mosquée sauf pour les femmes, les personnes âgés et ceux qui ont des contraintes. Ils pourront le faire dans leur demeure.

2) La durée minimale. Les 4 écoles ne s'accordent pas une durée minimale qui varie selon les écoles entre quelques heures à un minimum de trois nuits avec ses journées.

3) Les interdits. Il est fortement proscrit durant la retraite spirituelle de ne pas jeûner les journées ou de s'adonner à des pratiques sexuelles la nuit, tout comme on n'a pas le droit de quitter l'enceinte de la mosquée avant d'avoir fini.

4) Les recommandations. Il est cependant très fortement conseillé de passer son temps libre dans l'accomplissement des exercices spirituels, tels la lecture coranique, le dhikr, la prière, la méditation et surtout ne pas discuter avec autrui qu'en cas de force majeure.

5) "purifiez ma demeure (la mosquée) pour ceux qui font la Tawaf, ceux qui s'adonnent à la l'tikaf (retraite spirituelle) ainsi que les inclinés et prosternés (pour la prière)". (S.2-v.125)

➤ Les formes de prescription

Il y a l'obligation dite précise «al mo'ayyan» : c'est toute obligation dont la forme et les moyens d'accomplissement ont été bien précisés par l'islam, exemple : la prière.

Celle dite non précise «al mokhayyar» : elle concerne les obligations qui disposent de plusieurs moyens d'accomplissement. Exemple : pour rattraper un jour de jeûne que l'on n'a pas fait sans excuses, on a le choix entre trois choses : affranchir un esclave, nourrir soixante pauvres ou encore jeûner deux mois consécutifs.

Celle dite «al motlaq» : qui désigne toute obligation dont on dispose de toute la vie pour l'accomplir comme le pèlerinage à la Mecque.

La dite «al Modhaiyaq» : c'est tout acte obligatoire dont l'heure nécessaire à son accomplissement équivaut au temps que l'on dispose. Exemple : le jeûne du ramadan nécessite une journée entière et l'on ne peut pas disposer de plus.

Celle dite «al mowassa'» : c'est toute obligation dont l'heure définie pour la faire est plus vaste que le temps que peut prendre l'accomplissement de l'acte même. Par exemple : la prière de fajr, même si elle ne prend que quelques minutes, pourtant on a jusqu'au lever du soleil pour l'accomplir.

Celle que l'on appelle «mohadad» : c'est toute obligation dont la quantité est définie, comme les prières, le nombre de rakaat est bien déterminé.

La dite «Ghayr mohadad» : c'est toute obligation qui ne peut être concernée par le nombre. Par exemple, se concentrer dans la prière.

La dite personnelle «al 'ayni» : lorsque nul ne peut s'en acquitter à la place d'autrui comme la prière par exemple.

Et enfin il y a l'obligation dite collective ou «al kifa i» : c'est-à-dire que si les uns au sein de la communauté s'en acquittent, alors, les autres en sont exemptés. Dans le cas où personne ne s'en acquitte, toute la communauté se retrouve fautive. Exemple : la prière mortuaire.

> ## La nuit du destin

La conformité de l'acte. En effet, pour qu'une œuvre puisse être acceptée auprès d'Allah, il faut d'abord qu'elle soit en totale conformité avec les enseignements coraniques et la tradition du prophète, paix et salut sur lui. À ce sujet le coran dit : «Ont-ils des associés qui leur ont imposé une pratique de la religion n'ayant pas reçu l'aval d'Allah ?» (S.42-v21)

La sincérité. La sincérité dans l'adoration signifie tout simplement la pureté de la motivation et de la démarche. Le sincère est celui qui n'œuvre que pour la face d'Allah et afin de gagner Son agrément. Et là, il faut savoir que la sincérité intervient à trois moments phares de nos pratiques : Avant, pendant et après l'acte. Avant l'acte, il ne faut être motivé que par Allah. Pendant l'acte, il ne faut montrer aucun signe d'ostentation. Et après l'acte, il faut savoir se garder de les réduire à zéro en les divulguant. C'est dans ce sens qu'Allah dit : «O vous qui avez crus suivez Allah, suivez le messager et n'anéantissez pas vos œuvres». (S.47-v33) Et en ce sens, Abdullah Ibn Moubarak disait que ces deux piliers de l'acceptation sont relatés dans le verset 110 de la sourate **Al-Kahf** : «Que celui qui espère rencontrer son seigneur fasse une bonne œuvre et qu'en adorant son seigneur qu'il ne lui associe personne»

➢ La meilleure fin

«La bonne fin est l'exclusivité des pieux». (S.7-v128)
Ainsi, nous espérons, par ce rappel, attirer votre attention sur certaines pratiques liées au jeûne du mois de ramadan qu'il ne faut surtout pas omettre de faire afin de ne pas se priver de la récompense réservée aux jeûneurs.

La première de ces pratiques est ce que l'on appelle : l'aumône de la rupture ou encore zakat al fitr. Il est rapporté par Bukhari et Muslim selon Abdullah ibn 'Omar : «Le messager d'Allah a rendu obligatoire l'aumône de la rupture [...] et il a ordonné qu'elle soit sortie avant la prière de la fête».

Cette aumône a été instituée afin d'être une compensation pour tous les manquements que le fidèle a eu durant le mois de jeûne mais aussi, afin de marquer la solidarité vis-à-vis des nécessiteux. Dans ce sens Ibn 'Abass dit : «Le messager d'Allah a institué l'aumône de la rupture comme compensation pour le jeuneur face aux manquements, c'est aussi une solidarité pour les nécessiteux. Celui qui la sort avant la prière, il lui sera accepté. Quant à celui qui la sort après la prière elle sera pour lui une aumône singulière comme toutes les autres».

A titre d'information, cette zakat doit être sortie par le chef de famille fixée à un minimum de cinq à dix euros par personne vivant sous sa charge.

Quant à la deuxième recommandation pour bien finir le ramadan, il y a la récitation des glorifications instituée par la pratique de notre bien aimé le prophète, à la lueur du verset 203 de la sourate **Al-Baqara** dans lequel Allah dit : «Invoquez Allah pendant des jours bien déterminés».

Ces glorifications doivent débutées au crépuscule du dernier jour de jeune et ne s'arrêteront qu'au moment où l'imam montera sur le minbar pour l'accomplissement du sermon. Il y a plusieurs formules, mais la plus répandue reste la suivante : «Allah est le plus grand, Allah est le plus grand, Allah est le plus grand. Point de divinité à part Allah. Allah est le plus grand, Allah est le plus grand. Louange à Allah. Allah est grand à l'infini, Louange à Allah à l'infini et Gloire à Allah Le très haut matin et soir.» Le tout, à chaque fois, clôturé d'une prière sur le prophète.

Chaque communauté dispose de moments de fête, de rencontre, de partage et de joie. En ce qui concerne la nôtre, notre bien-aimé le prophète, avait pour habitude de dire : «il nous a été prescrit deux moments de fête, la fête de la rupture et celle de l'offrande». (Muslim) Cette prescription renferme d'innombrables sagesses et valeurs. En effet, les cœurs se lassent facilement et deviennent alors otages de la paresse puis de l'insensibilité.

Ainsi, l'imam Bukhari rapporte dans son recueil un hadith très révélateur sur le sujet. Il s'agit de l'histoire d'Abou Bakr et hanzala qui se sont plaints auprès de notre maître le prophète en disant : «nous sommes devenus hypocrites, car lorsque nous sommes en ta compagnie, tu nous parles du paradis et de l'enfer comme si nous les voyons, et lorsqu'on te quitte, nous nous remettons à jouir et à jouer comme si auparavant nous n'avions rien vécu de spirituel». Et là, le prophète leur sourit puis dit: «il faut une heure et une heure» c'est-à-dire une heure pour chaque chose, la spiritualité certes mais aussi la détente et la vie tout simplement.

1. **"L'orgueil débute par le seul fait de penser à toi ..."**

Dans un hadith quodsi, Allah nous fait savoir en utilisant une parabole que : «la grandeur est Mon pantalon et l'orgueil Mon manteau et celui, parmi les créatures, qui veut en rivaliser avec Moi alors Je le détruis». L'Homme peut être profondément habité par cette pathologie (l'orgueil), sans nécessairement que cela transparaisse dans le monde du visible, alors l'humilité est la seule issue pour le serviteur. L'humilité revient à être conscient que tu ne peux faire l'objet d'aucune gloire car tout n'est qu'émanation divine. «Tout bienfait qu'il y a en vous est l'œuvre de votre Seigneur.» Ainsi, comme le dit Ibn Ata Allah : «Ne te réjouis pas d'une bonne action parce que tu l'as réalisée, mais réjouis-toi parce que ton Seigneur t'a choisi pour faire de toi le miroir qui reflète Son œuvre.»

Voilà, le sens de la citation de Junayd, une manière d'exhorter à ne pas tomber dans l'égoïsme ni dans la soif «d'exister». Puisque le seul fait de considérer ce que tu penses être ton «moi» : tes acquis, tes capacités ou encore tes moyens indique que dans ton profond intérieur le culte du moi est en train de faire son chemin.

A propos de l'auteur De son vrai nom al Junayd ibn Muhammad surnommé Abul Qasim. Il est originaire de la ville de Nahawand. Mais il a grandi à Bagdad où il a passé l'essentiel de sa formation tant théologique que spirituelle. Il apprit le droit musulman auprès du célèbre Sheikh Abu Thawr et fut éduqué dans la spiritualité par Hassan al Bassri. A vingt ans à peine, il était déjà mufti de Bagdad en présence de ses maîtres.
Il mourut en 267 h.

2. *"Celui qui pense être meilleur que pharaon a fait preuve d'orgueil."*

Notre bien-aimé, le Prophète paix et salut sur lui, disait : «celui qui a un atome d'orgueil dans son cœur ne pénétrera pas au paradis.» Et l'orgueil n'est rien d'autre qu'un état d'esprit qui consiste à s'attribuer des vertus qui ne sont pas les nôtres. Ainsi, comme le dit l'auteur, le Sheikh Abu Salih Hamdoune: «Celui qui pense être meilleur que pharaon a fait preuve d'orgueil» pour la raison suivante : il ne connaît pas son devenir et ne possède pas le pouvoir de juger. Au-delà de ses actions, qu'il n'oublie pas la parole prophétique: «L'un d'entre vous se mettra à agir avec des agissements des habitants du paradis jusqu'au dernier souffle de sa vie... Et là, sa destinée le rattrapera, il commettra alors les actes des habitants de l'enfer et finira en enfer. Et l'un d'entre vous ne cessera d'agir comme les habitants de l'enfer jusqu'au dernier souffle de sa vie... Et là, sa destinée le rattrapera, il commettra alors les actes des habitants du paradis et il finira au paradis.» L'imam Ali, pour remédier à ce sentiment trompeur, avait pour habitude de dire : «A chaque fois que tu lis un verset qui parle du bien, ne te dis pas que ce bien fait ton éloge. Et lorsque tu récites un verset qui fait état d'un blâme, dis-toi alors qu'il t'est destiné».

A propos de l'auteur Abu Salih Hamdoune Ibn Ahmad Al Qassar est un théologien, spécialiste des hadiths et grand maître de la spiritualité musulmane du troisième siècle de l'hégire. Il était à la tête du célèbre mouvement de référence spirituelle, Al Malamatiyya : doctrine fondée sur la purification de l'âme dans le strict respect de la charia. Il mourut en 271 h (893).

3. *"Si tu entreprends de réformer ton âme alors trouve la force en retenant ta langue."*

Cette sagesse résume les enseignements prophétiques. En effet, comme il est relaté dans un hadith, lorsque les membres du corps se réveillent le matin, ils s'adressent tous à la langue et lui disent : «Ô toi la langue, de toi dépend tout. Si tu es droite nous serons droits, si tu dévies nous dévierons tous».

Ainsi, en concordance avec ce hadith, cette citation nous enseigne le meilleur moyen d'arriver à l'éducation de l'âme, à savoir : retenir sa langue. L'imam Chafi'i avait pour habitude de dire : «Ô fils d'Adam, prends garde à ta langue car c'est un serpent, prends garde à son venin. Celui qui sait maîtriser sa langue, qui arrive à diriger sa langue, à contrôler sa langue, cette personne-là trouvera la force de réfréner les passions de son âme».

Le Prophète, paix et salut sur lui, fut interrogé un jour : «Le musulman peut-il être avare ?» Il répondit : «Oui». Puis on ajouta : «Est-ce qu'il peut être lâche ?» Il répondit : «Oui». Enfin on ajouta : «Est-ce qu'il peut être menteur ?» Ce à quoi il répondit : «Non, le musulman ne peut mentir». La perversion de l'âme débute par une langue non maîtrisée. Et le ramadan, n'est-il pas en cela une opportunité à saisir ?

A propos de l'auteur Abu Ali Ahmad ibn Assim Al Antaki est un célèbre savant musulman, spécialiste des hadiths du troisième siècle de l'hégire. Né en 140 h, il s'est distingué par son ascétisme et sa connaissance pointue en matière d'éducation des cœurs. Au point d'être surnommé par ses pairs « l'espion des cœurs ».
Sa capacité singulière à éduquer les âmes fit de lui une référence à Damas et ce jusqu'à ce qu'il rendit l'âme en 239 h.

4. "Le réel espoir est celui qui te pousse à œuvrer."

Il existe une réalité dans l'islam qui a été mise en avant dans un verset, dans lequel Dieu dit : «Ô vous mes serviteurs qui avez commis des excès au détriment de vous-même, ne désespérez pas de la miséricorde de Dieu. Car Dieu pardonne tous les péchés.» Le croyant doit donc toujours vivre dans l'espoir, car c'est lui qui donne vie. Désespérer revient d'une certaine manière à minimiser le pardon divin, car la miséricorde de Dieu est toujours beaucoup plus grande que nos péchés. L'imam Bussayri dit: «Ô toi l'âme ne désespère pas du pardon de ton Seigneur, car les péchés ne sont qu'une goutte dans l'océan du pardon d'Allah.»

Mais qu'est-ce que l'espoir ? Le Prophète, paix et salut sur lui, demanda un jour : «Connaissez-vous en réalité l'intelligent ?» Les compagnons répondirent par la négative. Au Prophète, paix et salut sur lui, le parfait éducateur, de leur dire alors : «L'intelligent est celui qui mesure les capacités de son âme et se prépare à ce qui vient après la mort». Le réel espoir est celui qui est ancré en toi et qui t'encourage à œuvrer afin d'atteindre tes objectifs et non celui qui te pousse au désespoir et à baisser les bras.

A propos de l'auteur Abu Muhammad Abdallah ibn Al Khoubayq était originaire de Kuffa. Il fut, comme la majeure partie des grands théologiens de son époque, un homme connu et reconnu pour sa piété et sa moralité, outre de la fonction d'imam qu'il occupait.

5. "Le péché annonce la mort de l'âme, telle l'agonie annonce la mort du corps."

Dans le Coran plusieurs versets font état de la vie et de la mort. Parfois au sens strict du terme, comme dans le verset : «Gloire à Celui qui a créé la vie et la mort afin de vous éprouver.». Parfois avec une dimension spirituelle : «Celui qui était mort et que nous avons ressuscité et à qui nous avons accordé une lumière avec laquelle il vit, est-il semblable au mort qui vit dans les ténèbres ?». Il s'agit ici de la mort spirituelle. Toute chose possède des préludes annonciateurs. Dieu dit : «C'est Lui qui envoie le vent comme annonciateur de la pluie, de Sa miséricorde.»
De la même manière, l'agonie présage de la mort biologique et le péché préfigure l'extinction de l'âme. Le Prophète, paix et salut sur lui, dit : «A chaque fois que l'Homme fait un péché, un point noir se forme dans son cœur. S'il persiste dans son péché, les points noirs se multiplient dans son cœur jusqu'à ce que celui-ci devient tout noir et perd la sensibilité.» Par conséquent, il perd la notion du bien et du mal. Le mal est considéré comme un bien et vice versa.

D'ailleurs, un hadith nous le prédisait il y a déjà quatorze siècles: «Celui qui vivra parmi vous verra l'époque où la vertu n'a plus de valeur et où le mal devient la vertu.

A propos de l'auteur Abu Hafs Umar ibn Maslama Al Hadad, plus connu sous le nom d'Abu Hafs Al Naysaburi, a marqué son époque en éduquant une grande partie des musulmans grâce à ses innombrables connaissances et sagesses spirituelles. Surnommé « maître du Khorassan », il rendit l'âme en l'an 264 h.

6. "Il n'y a d'épreuves pires que l'insouciance et la dureté du cœur."

Dieu dit dans le Coran : «l'Homme a été créé faible.» Facilement gagné par ses émotions et passions, l'Homme fait difficilement face aux épreuves de la vie. Cette souffrance psychologique que l'on ressent, pas moins douloureuse que la souffrance physique, est principalement causée par l'insouciance et l'inattention. Malgré tous les signes qui gravitent autour de l'Homme, il demeure négligeant : «Combien y a-t-il de signes dans les cieux et sur la terre qui passent à côté des Hommes tous les jours mais ils y sont totalement inattentifs, insouciants.».

La dureté du cœur constitue aussi, au même titre que l'insouciance, un fléau moralement dévastateur pour l'Homme puisqu'elle le sépare totalement du monde dans lequel il vit. Comme le dit notre Prophète, paix et salut sur lui : «Celui qui entre en contact avec ses semblables, endure leur méchanceté et eux endurent la sienne, est meilleur que celui qui s'isole et refuse de se mélanger avec les Hommes.»

La sociabilité est en effet une formidable vertu, illuminant le cœur de l'Homme et de ceux qui le côtoient. Mais dans un cadre plus spirituel, l'insouciance nous enlève notre sensibilité à éveiller notre âme. Et la dureté du cœur nous empêche de contempler notre Seigneur.

A propos de l'auteur Né en 164 h, Abul Husseyn Ahmad ibn Abil Hiwari est à la fois un célèbre théologien et un ascète musulman du troisième siècle hégirien. Originaire de Kuffa, il s'installa à Damas et côtoya les plus grands savants de son époque tels que Al Darani ou en encore Ibn Uwayna, avant de rendre l'âme en 230 h.

7. *"Mon jour de paix est celui où je n'ai pas désobéi à mon Seigneur."*

Cette parole de Fudayl ibn Ayad prouve la grandeur de la philosophie de cet homme. Tandis que certains considèrent comme jour de paix et de gloire le jour de leur naissance, de leur embauche, de leur mariage, de l'obtention de leur diplôme ou même du versement de leur premier salaire...
Ce grand maître de la spiritualité musulmane considère, lui, que dans sa vie il n'y a de place pour la joie que lorsqu'il a réussi à mettre une barrière entre lui et la désobéissance à Dieu. Puisque le péché occasionne la dureté du cœur, assombrissant notre clairvoyance et notre discernement , pour nous réduire à l'état animal. C'est pourquoi Dieu dit : «Nous avons préparé l'enfer pour beaucoup d'Hommes et de djinns car ils ont des cœurs avec lesquels ils ne raisonnent pas, des yeux avec lesquels ils ne voient pas, des oreilles avec lesquels ils n'entendent pas. Voilà ceux qui sont semblables aux bêtes, même pire encore».

Ainsi quand l'Homme réussit à s'écarter de la désobéissance, il gagne l'ultime combat : le combat contre son égo, son âme, ses passions et ses désirs. Dieu dit : «A réussi celui qui a purifié son âme» et aussi: «Celui qui craint son Seigneur et qui interdit à son âme les passions aura comme récompense la demeure de la satisfaction de son Seigneur.»

A propos de l'auteur Abu Ali Al Fudayl ibn Ayad est une figure marquante du second siècle hégirien. Né à Samarkand en 107 h, il s'installa à Kuffa et devint un savant distingué et respecté de tous tant sur le plan scientifique que spirituel. Surnommé « l'adorateur des deux mosquées sacrées » il rendit l'âme en 187 h.

8. **"Celui qui s'écarte avec sincérité d'une passion alors Allah en préservera son cœur."**

Celui qui vit dans la souffrance de désobéir à Dieu s'interroge : «quel est le premier pas à faire pour guérir ? Devons-nous attendre qu'Allah guide nos cœurs et alors, nous arrêterons les péchés ? Ou est-ce le fait d'arrêter les péchés qui entrainera notre guidée ?» Il n'y a aucun doute que la deuxième solution est la plus juste. En effet, nos cœurs, comme le dit Ibn Ata Allah, sont des récipients vides qui attendent de recevoir les donations du Seigneur et les miséricordes émanent de Lui.

Cependant un récipient sale ne peut prétendre à ces donations qu'en empruntant le chemin qui mène vers elles autrement dit le chemin de la pureté et du repentir. Ainsi celui qui débute des réformes afin de se purifier alors Dieu interviendra. Dieu ne fait jamais pour l'Homme ce que ce dernier peut faire seul. Cependant, lorsque dans son cheminement l'Homme est confronté à des difficultés qui dépassent ses compétences d'humain, il se tourne vers son Seigneur qui acceptera sa demande à condition que cette demande soit légitime et qu'il fasse preuve de droiture et de détermination.
Lorsque Seyidna Moussa a imploré Dieu pour qu'il lui donne la délivrance, Dieu lui a dit : «Ô Moussa ! Nous avons accepté ta demande. Cependant, restez dans la droiture et ne suivez point le chemin de ceux qui se sont détournés de Dieu».

A propos de l'auteur Abu Suleyman Abd Al Rahman ibn Atiyya Al Darani est né en 140 h au sein d'une famille originaire de Damas. Grand érudit du troisième siècle hégirien, il fut également un grand soufi au point d'être surnommé par l'imam Al Dhahabi « l'ascète de son époque ». Il rendit l'âme l'an 215 h.

9. **"La piété d'Homme se manifeste à travers trois choses : ses dons, ses refus et ses paroles."**

Le plus grand acte de dévotion est, comme le dit le Prophète, paix et salut sur lui, la prière. Dans cette adoration, Dieu nous ordonne de tourner nos corps en direction de la Mecque, comme dans le verset : «Tourne donc ton visage vers la mosquée sacrée, où que vous soyez tournez-y vos visages.» Cependant, dans un autre verset, Dieu nous fait savoir que la Kaaba est la qibla, c'est-à-dire la direction des corps.
Mais les cœurs n'ont de direction si ce n'est Dieu. Autrement dit, Dieu est la direction des cœurs et la Kaaba est la direction des corps. Lorsque le serviteur se tient physiquement en direction de la Kaaba mais que son cœur ne se tourne pas vers son Seigneur alors sa prière ne peut avoir de sens. Ainsi Dieu dit : «Malheur à ceux qui font leurs prières qui se lèvent et sont dans l'étourdissement.»

Par contre Dieu dit de ceux qui, dans leurs prières, ont pu matérialiser la présence de leur Seigneur: «Bienheureux sont les croyants qui, lorsqu'ils se lèvent pour la prière, le font avec crainte.» Celui qui dirige donc son cœur vers son Seigneur a pour récompense Sa miséricorde. «Tournez-vous vers moi en m'implorant et je me tournerai vers vous en vous accordant, tournez-vous vers moi en me sollicitant, je me tournerai vers vous en vous répondant.»

A propos de l'auteur Abu Ali Chaqiq Ibn Ibrahim
Al Balkhi Il est né dans la ville de khorassan d'une
famille très riche. Grand commerçant, il se rendait très
souvent en Turquie ville dans laquelle il connut le déclic
qui le mena dans la voie de la spiritualité.
Il était l'initiateur du célèbre Sheikh Hatim el Assam.

10. "Fais de ce bas monde ton jour de jeûne et de la mort ta rupture."

Le mot As-sawm, le jeûne, signifie l'abstention. Toute personne qui s'abstient d'une chose a jeûné de cette chose. Chez certaines communautés, qui nous ont précédées, le jeûne s'opérait par le refus de manger, de boire, de marcher et même de parler. Ainsi Allah dit à saydatouna Maryam: «Lorsque des gens s'adressent à toi, dis-leur: j'ai formulé un vœu d'abstention pour mon Seigneur ainsi donc je ne parlerai pas». A l'heure où les musulmans vivent le mois de ramadan comme le mois de l'abstinence à la nourriture, à la boisson et aux désirs charnels, les maîtres soufis par cette citation nous rappellent une réalité beaucoup plus absolue que l'abstention à la consommation : le refus de consommer tout ce qui ne conduit pas vers le Seigneur. Sois celui qui considère que la cause des causes est plus forte qu'une simple cause.

Ne sois donc pas l'adorateur de la cause mais celui de la cause des causes. Il en est de même pour l'enfer et le paradis. Considère le paradis et l'enfer comme des créatures à ton image. Ne désire pas la création, ne crains pas la création, ne désire que Le Créateur et ne crains que Lui. «Dieu et Son messager méritent beaucoup plus que vous cherchiez leur agrément si vous êtes raisonnable.

A propos de l'auteur Abu Suleyman Daoud ibn Noussayr
Al Ta-î, d'origine du Khorossan, fut un grand savant
musulman soufi. Il naquit à Kuffa. Il apprit le droit de
l'imam Abu Hanifa et devint un grand juriste à son
époque. Il mourut en 162 h.

11. ″Ô Seigneur ne me châtie pas par l'humiliation du voile.″

Un grand maître spirituel partage un jour son intimité avec un de ses disciples et lui raconte l'histoire de son repentir.

Il dit : «Je me suis adonné à l'adoration du Seigneur pendant vingt ans d'une façon mécanique et irréfléchie. Peu à peu, je me suis laissé aller et j'ai commencé doucement à me détourner. Trente ans après m'être enfermé dans cette désobéissance, je me suis regardé dans un miroir et ma raison m'a parlée. Celle-ci m'a dit : «J'ai adoré mon Seigneur vingt ans, puis je lui ai désobéi trente ans ; ma subsistance n'a pas diminué et aucun mal ne m'a touché. Il n'y a donc aucun mal alors à désobéir. A ce moment précis, quelque chose dans les profondeurs de mon existence m'a rétorqué: «Je ne t'ai pas refusé Mes bienfaits durant ces trente ans de désobéissance mais Je t'ai refusé meilleur ; jamais tu ne découvriras Ma Grandeur et jamais tu ne contempleras le mystère qui M'entoure ».

Il prit alors conscience que le voile est le pire des châtiments. Ce voile, qui recouvre les sens, est cette barrière qui nous empêche de percevoir les réalités comme elles sont. Ainsi dans cette invocation le Sheikh dit : «Ô Seigneur ne me châtie pas par l'humiliation du voile» car il a compris que le châtiment n'est rien d'autre qu'une mise en garde qui te permet de retourner vers ton Seigneur.

A propos de l'auteur Abul Hassan Sirri ibn Al Mughlas Al Saqti est un théologien musulman du troisième siècle hégirien. Imam à Bagdad, Al Sirri, oncle maternel du célèbre Al Junayd, était également un grand maître soufi. Il rendit l'âme à Bagdad en 251 h.

12. "Celui qui dirige son cœur vers son Seigneur, Celui-ci dirigera Sa miséricorde vers lui."

Le plus grand acte de dévotion est, comme le dit le Prophète, paix et salut sur lui, la prière. Dans cette adoration, Dieu nous ordonne de tourner nos corps en direction de la Mecque, comme dans le verset : «Tourne donc ton visage vers la mosquée sacrée, où que vous soyez tournez-y vos visages.»
Cependant, dans un autre verset, Dieu nous fait savoir que la Kaaba est la qibla, c'est-à-dire la direction des corps. Mais les cœurs n'ont de direction si ce n'est Dieu. Autrement dit, Dieu est la direction des cœurs et la Kaaba est la direction des corps. Lorsque le serviteur se tient physiquement en direction de la Kaaba mais que son cœur ne se tourne pas vers son Seigneur alors sa prière ne peut avoir de sens. Ainsi Dieu dit : «Malheur à ceux qui font leurs prières qui se lèvent et sont dans l'étourdissement.»

Par contre Dieu dit de ceux qui, dans leurs prières, ont pu matérialiser la présence de leur Seigneur: «Bienheureux sont les croyants qui, lorsqu'ils se lèvent pour la prière, le font avec crainte.» Celui qui dirige donc son cœur vers son Seigneur a pour récompense Sa miséricorde. «Tournez-vous vers moi en m'implorant et je me tournerai vers vous en vous accordant, tournez-vous vers moi en me sollicitant, je me tournerai vers vous en vous répondant.»

A propos de l'auteur Abu Mahfouz Maarouf ibn Fayrouz Al Karkhi est une figure marquante parmi les savants musulmans du second siècle hégirien. Théologien et maître spirituel à Bagdad, il rendit l'âme en l'an 200 h dans cette même ville.

13. "La connaissance est un guide, la piété un conducteur."

L'Homme vit dans une marche éternelle en aspirant à être meilleur. La vie est donc un voyage où, dans le meilleur des cas, on quitte les ténèbres de l'ignorance et de la passion vers la lumière de la connaissance et l'équilibre : « Allah est le défenseur de ceux qui ont la foi: Il les fait sortir des ténèbres à la lumière. Quant à ceux qui ne croient pas, ils ont pour défenseurs les Tagut, qui les font sortir de la lumière aux ténèbres. »

Ainsi, chaque Homme nécessite un guide. Celui-ci prend la main de l'aspirant et lui montre la voie. Et le meilleur des guides n'est rien d'autre que la connaissance.
Le Prophète, paix et salut sur lui, dit : « l'ignorance est la pire des maladie ». C'est pourquoi le premier verset révélé fut Iqra (lis, apprends). Et Allah dit : «est ce que les connaisseurs et les ignorants sont comparables ?»
Et dans un autre verset : «le voyant et le malvoyant ne sont pas comparables, ni l'obscurité et la lumière, ni la chaleur de la fraicheur, ni les morts et les vivants».
Quant au conducteur qui nous mène vers cet objectif, ce n'est rien d'autre que la piété. Ainsi, le Prophète, paix et salut sur lui, à chaque fois qu'il regardait la lune, disait : «ô Seigneur montre nous la vérité en tant que telle et donne nous la capacité de nous y soumettre»

A propos de l'auteur Abu Abd Illah Ibn Otthman Al Makki, célèbre juriste de Bagdad et grand maitre spirituel de son temps. Il fut initié par Abu Sahid Al Kharaz et a connu le célèbre Sheikh abu Abd Illah Al Nabaji. Il est mort dans sa ville natale, Bagdad, en 913 après JC.

14. "Ô Seigneur, Tu viens de nous montrer
    ta puissance, montre nous maintenant
    Ta miséricorde."

Cette citation est en réalité une invocation inspirée sortie
de la bouche de Abu Yazid al Bastami. Un jour, alors
qu'il était en voyage, voguant sur un bateau en plein
milieu de l'océan, il prit quelques moments de repos et
en profita pour s'endormir. Soudain, il fut réveillé par les
cris des membres de l'équipage, l'alertant que le bateau
risquait de sombrer. Alors que chacun cherchait à sauver
sa vie, certains se jetaient à l'eau, d'autres se
cramponnaient à tout ce qu'ils pouvaient, Abu Yazid se
leva, tourna les yeux vers le ciel et, avec conviction, dit :
«Ô Seigneur Tu viens de nous montrer ta puissance,
montre nous maintenant Ta miséricorde.» A cet instant,
le bateau reprit son équilibre et la tempête cessa,
mettant fin ainsi à leur panique.

Dans cette citation deux choses nous frappent ; la
conviction d'Abu Yazid al Bastami et sa sagesse. Cette
dernière est le fruit d'une foi qui l'inspira à invoquer son
Seigneur de la meilleure des manières. Allah dans le
Coran nous cite ses attributs : Il est Le Grand Châtieur
et Le Grand Pardonneur, Celui qui élève et qui rabaisse,
Celui qui accorde les largesses et Celui qui les restreint..
Ces deux extrêmes, loin d'être des contraires quand il
s'agit de Dieu, sont en effet complémentaires; Dieu ne
t'éprouve, ne te rend malade, qu'afin de te faire part de
Sa Miséricorde en te purifiant.

A propos de l'auteur Abu Yazid al Bastami, de son vrai nom Tayfour ibn Issa el BASTAMI. Il est l'un des plus célèbres maitres de la spiritualité musulmane du second siècle de l'islam. Lui et ses deux frères, Adam et Ali, étaient d'une profonde sensibilité spirituelle reconnue par tous leurs pairs. Il est mort l'an 856 après JC.

15. "Les débutants se repentent de leurs péchés et les arrivants de l'inattention"

Le repentir est la manifestation du retour du serviteur vers son Seigneur. Un retour indispensable sachant que le fils d'Adam, comme le dit le Coran : «est créé dans la faiblesse», «est créé dans la souffrance», «est créé avec la précipitation», «il ne sait endurer». Toutes ces faiblesses ont inspiré le Prophète, paix et salut sur lui, afin de nous faire part d'une réalité majeure à savoir : «Tous les fils d'Adam sont sujets à l'erreur et les meilleurs d'entre eux sont les repentants».
Cependant, les Hommes ne sont pas tous du même niveau et donc de récompenses diverses : «chacun aura un rang qui équivaut à la réalité de ses œuvres». Alors que certains vivent dans les obscurités les plus profondes, d'autres jouissent d'un esprit un peu plus éveillé tandis que d'autres enfin, sont envoutés par leurs passions.

Ainsi le Sheikh dit : «Les débutants se repentent de leurs péchés et les arrivants de l'inattention». Les débutants ont du mal à répondre aux actes du corps et à la soumission de celui-ci. Les itinérants sont, eux, toujours dans la quête de la synchronisation entre l'esprit et le corps. Quant aux arrivants, ils ont atteint la finalité suprême, à savoir : l'illumination intérieure.

A propos de l'auteur Abu Al Fayd Ibrahim Zu Al Noun, il est d'origine nubienne et a grandi dans le sud de l'Egypte. Le Sheikh incontesté de son époque en matière de spiritualité. Le calife de l'époque, Al Mutawakkil, tenait à le rencontrer le plus souvent possible pour son équilibre spirituel personnel. Il est mort en 867 après JC.

16. "La meilleure des actions est de vivre son heure"

Lorsqu'Allah créa l'Homme, Il le fit habiter cette Terre que l'on appelle le bas monde. Le Prophète, paix et salut sur lui, la considère, lui, comme une prison : «ce bas monde est la prison du croyant». La notion de prison est évoquée car l'Homme a été enfermé dans deux réalités : le temps et l'espace. Nous serons toujours contenus dans l'espace.

Ainsi Allah dit «Ô vous les Hommes et les djinns, si vous êtes capables de sortir du cadre des cieux et de la terre (c'est-à-dire de l'univers) alors faites-le. Et sachez que vous ne pouvez le faire que par une puissance». Cette puissance, certains oulémas l'ont expliquée par la science. Seule la science et la connaissance permettent à l'Homme d'évoluer.

Néanmoins, quelque soit l'évolution, l'Homme sera à jamais dans ce bas monde encerclé par l'espace. Quant au temps, l'Homme se chagrine pour les éléments passés et est pris de peur quand il s'agit de son futur. Le croyant est celui qui vit et ressent tout l'opposé ; Allah dit : «En vérité, les bien-aimés d'Allah seront à l'abri de toute crainte, et ils ne seront point affligés» Le seul champ d'action est le présent.

Ainsi, Dieu jure par le temps dans une sourate invitant tout aspirant à faire de chaque instant un moment de foi, de bonnes œuvres : ce qui s'offre à toi, ce qui est face à toi, ton heure, ton instant ton temps actuel «Par le Temps! L'homme est certes, en perdition, sauf ceux qui croient et accomplissent les bonnes œuvres, s'enjoignent mutuellement la vérité et s'enjoignent mutuellement l'endurance.»

A propos de l'auteur Abu Abd Illah Mohamed Ibn Ismail Al Maghribi, sans doute le plus célèbre des maitres de son temps notamment grâce à son étonnante longévité, 120 ans, qui n'ont pas altéré sa lucidité, ses connaissances mais aussi sa force physique (il était végétarien). Initié par Ali ibn Zayn, Il fut à son tour l'initiateur de Ibrahim Ibn Chibane. Il est mort en 921 après JC.

17. "Celui qui n'est pas accompagné par un pieu dans sa faim, se nourrira d'illicite sans retenue"

Cheminer dans la foi nécessite beaucoup plus qu'une simple motivation ou même une conviction. En effet, une réelle organisation et préparation doivent être de rigueur. Tout doit être parfaitement planifié. Cette planification débute par la prise de conscience puis le repentir.

Arrivé à ce stade, des mesures doivent être prises afin d'avancer et non de revenir en arrière. L'entourage a une importance capitale et doit impérativement être changé si ceux qui nous entourent ne nous encouragent pas dans nos nouvelles aspirations. Avoir des amis pieux qui nous soutiennent dans cette réforme et ce cheminement spirituel aidera l'aspirant à la constance. Se nourrir relève non seulement du corps mais aussi de l'esprit. Accompagner des malfaiteurs aura alors pour conséquence de manger de ce qui provient de l'illicite. Aussi, notre âme ne consommera que des éléments proscrits tels que les insultes, la calomnie, la haine, la triche...

Ainsi le Prophète, paix et salut sur lui, nous dit : « L'exemple du bon compagnon et du mauvais compagnon est semblable au porteur de musc et au forgeron. Quant au porteur de musc, soit il t'en donne, soit te le vend, ou bien tu profites de la bonne odeur. Tandis que le forgeron, soit il brûle tes vêtements soit tu supportes l'odeur infecte. »

A propos de l'auteur Abu Bakr Ahmed Ibn Nasr Al Zaqaq Al Kabir, parmi les plus éminent maitre spirituel de l'Egypte de son temps. Il fut contemporain de l'imam Al Junayd. Il est réputé pour sa grande sagesse et ses compétences d'éducateur des âmes. La date précise de son décès reste méconnu même si elle se situe au milieu du 9ieme siècle après JC.

18. "Le plus grand malheur c'est qu'il te prenne l'action et te laisse la parole"

«N'as-tu pas vu comment Allah propose en parabole une bonne parole pareille à un bel arbre dont la racine est ferme et la ramure s'élançant dans le ciel? Il donne à tout instant ses fruits, par la grâce de son Seigneur. Allah propose ses paraboles à l'intention des gens afin qu'ils s'exhortent. Et une mauvaise parole est pareille à un mauvais arbre, déraciné de la surface de la terre et qui n'a point de stabilité.»

Ce verset nous montre que l'action n'est rien d'autre qu'un fruit provenant d'un arbre. Cet arbre représente la parole et prend ses racines dans la terre, qui n'est rien d'autre que la foi. Ainsi, toute parole ne peut avoir de poids que par la force de ses racines. Aussi, la parole n'a de sens que si elle est accompagnée d'une action rendant véridique les déclarations. A chaque fois que la foi est évoquée dans le Coran, elle a toujours été suivie par la bonne action. Et vice-versa sauf dans trois versets du Coran : «qui a meilleure parole que celui qui appelle vers Allah et qui fait de bonnes œuvres», «sauf ceux qui sont endurants et qui font de bonnes œuvres» et «celui qui se repend et qui fait de bonnes actions».

L'endurance, dire de bonnes paroles et le repentir, ont donc pris la place de la foi dans ces trois versets. Une manière de dire que ces trois actions ne peuvent en réalité surgir que d'un cœur rempli de foi. En effet, connaître la foi ne peut se réaliser que si nous nous repentons vers notre Seigneur, faisons preuve d'endurance et de patience, et enfin si nous proférons de bonnes paroles.

A propos de l'auteur Abu Mohamed Rouayne ibn Ahmed, un des grand grands juristes de son temps. Il délivrait des avis juridiques selon l'école de Daoud el Zahiri. Il était aussi la référence en matière de spiritualité et d'éducation de l'âme. C'était aussi un grand défenseur du soufisme authentique fondé sur le coran et sounna. Il est mort en 925 après JC.

19. "La perte réside dans la connaissance sans action, l'action sans sincérité et le compagnonnage sans respect "

Il existe des mots dont leur sens ou leur signification réelle dépasse l'entendement des Hommes. C'est le cas pour le mot « perte ». En effet, pour lui donner une signification ou définition, l'Homme aura tendance à dire : c'est l'acte de perdre des clés par exemple ou même une personne qui nous est chère. Ce n'est pas faux.

Cependant, l'Homme doit chercher à donner un sens plus profond et spirituel aux choses. Ainsi le Prophète, paix et salut sur lui, éduquait-il ses compagnons. Concernant cette sagesse, un hadith vient confirmer son message : «Le vrai perdant est celui qui s'est présenté le jour de la Résurrection avec des montagnes de bonnes actions, des prières, des jeûnes... mais dans sa vie, il a commis des injustices à untel, insulté, frappé, dénigré et médit sur le dos d'un autre. On lui reprend alors toutes ses bonnes œuvres pour dédommager ses victimes jusqu'à ce qu'il ne lui reste plus de bonnes actions, on prendra alors des péchés de ses victimes pour les lui imposer comme fardeau et ainsi il se retrouve à la fournaise.»

Quant au respect, s'en abstenir en présence de ceux partagent notre but, nos aspirations, n'a de conséquence que l'éloignement et la distance.

Que dire alors de ceux qui manifestent leur impolitesse devant leur maître ? Le bannissement est sûrement le mot le plus approprié... Telle est la grande perte !!!

A propos de l'auteur Abu Abdillah Mohamed ibn Al Fadhl Al Balkhi, célèbre maitre spirituel de la ville de Samarcande dans l'actuel Ouzbekistan. Il fut initié par Ahmad ibn Khadraouia et fut aussi lui-même l'initiateur du sheikh abu otthman el Hiri. Il est mort l'an 941.

20. "Prenez garde de mentir, de trahir et de médire. Ensuite, faites tout ce que vous voulez"

Etre un bon musulman est être opposé à tout ce qui ne relève pas de la bonne moralité. Prier, jeûner, dépenser en aumônes : toutes ces adorations sont les ornements du croyant qui doivent être en phase avec sa moralité. Le croyant tend toujours à la perfection morale essayant jour après jour de se doter des plus grandes qualités morales. Certaines de ces dernières sont indispensables voire obligatoires ou basiques.

Un jour, un compagnon vint voir le Prophète et lui demanda : «Le croyant peut-il être lâche ? Il dit : oui ! Peut-il être avare ? Il dit : oui ! et lorsqu'on lui demanda : peut-il être menteur ? Il répondit : Non». Mentir est le plus vil des défauts car il entraîne d'autres défaillances morales telles que la trahison ou encore la calomnie. Trahir ou calomnier, ne sont-ils pas la manifestion la plus épouvantable du mensonge ? De plus, elles ont cette capacité d'anéantir nos actes. Mentir sur le dos d'une personne revient à lui faire don de nos bonnes œuvres tout en acceptant leurs péchés les plus horribles.

Ainsi purifier notre intérieur en le remplissant de sincérité garantie la pérennité de nos actes ainsi que leur acceptation. Dans ce sens, celui dont ses ennemis le surnommaient «le véridique et digne de confiance», notre bien-aimé le Prophète, paix et salut sur lui, dit un jour à un de ses compagnons. «Sois véridique et le peu d'acte te suffira».

A propos de l'auteur Abu Al Fawaris Chah Ibn Shouja'
Al Karmani, est une des références spirituelles du 10 ème
siècle après JC. Il s'est fait connaître pour son
renoncement, sa pitié mais aussi son grand dévouement
en matière d'adoration. Parmi ses maitres on compte
Abu Tourab Al Nakhchi et Abu 'Oubayd Al Boussri.

21. "Tout ce qui ne trouve pas sa place dans la science, la sagesse et la spiritualité, est l'œuvre du diable"

Le diable ne participe pas aux actes émanant de ceux qui ne l'ont fait en toute connaissance, sagesse et parfaite dévotion. Ces trois éléments sont en effet un bouclier contre toute manipulation satanique. Lorsque Dieu dit à Iblis «Sur Mes serviteurs tu n'auras aucune autorité», cela signifie qu'il n'aura aucune capacité d'agir sur leurs actions.

Ainsi, toute la question est de savoir quelles sont les caractéristiques de Ses serviteurs. Premièrement, la science. Pour voir son œuvre acceptée, elle doit être conforme à la science, qu'elle soit islamique ou mondaine.

La sagesse, elle, relève d'une capacité supérieure, c'est voir au-delà de la science, l'acte qui sera le plus adapté à la situation. Ce n'est pas le contraire de la science mais sa version la plus développée. Elle s'acquiert grâce à l'expérience et est due à une clairvoyance que Dieu accorde à ses serviteurs les plus rapprochés. Le Coran dit à cet effet : «Dieu donne la sagesse à qui Il veut. Et celui à qui la sagesse est donnée, vraiment, c'est un bien immense qui lui est donné.».

La spiritualité elle, est ce lien qui lie Dieu au serviteur. Un Homme peut faire du bien sans pour autant associer Dieu à sa cause, ainsi elle ne dépassera pas le premier ciel et le diable s'occupera de l'annuler.

Quant au spirituel, Dieu dit : «vers Lui monte la bonne parole, et Il élève haut la bonne action»

A propos de l'auteur Abu Al Abbas Ahmed Ibn Mohamed Sahl Ibn Atta Al Admi, il est contemporain d'Al junayd et disciple du Sheikh Ibrahim Al Marsani. Il était, en plus de sa sensibilité spirituelle un grand théologien distingué. Il est mort en l'an 931 après JC.

22. "Agir pour les gens est de l'associationnisme, et ne pas agir pour eux est de l'ostentation"

La grandeur de l'éducation spirituelle est parfaitement dévoilée à travers cette magnifique sagesse. La subtilité de cette parole laisse tout Homme sensible à la purification de l'âme sous l'émerveillement. Percer les vices de l'âme est la spécialité de ces maîtres spirituels qui ont consacré leur vie à mettre en application le verset coranique : «A certes réussi celui qui purifie son âme.» afin d'être digne de se voir adressé le Jour de la résurrection : «Ô toi, âme apaisée, retourne vers ton Seigneur, satisfaite et agréée; entre donc parmi Mes serviteurs, et entre dans Mon Paradis.».

Avant d'en arriver là, l'aspirant doit percer les mystères de son âme et apprendre à en déjouer les vices. Cette sagesse met en avant une autre facette de la sincérité. Associer à notre acte la volonté de satisfaire des individus constitue de l'associationnisme car adorer Dieu, agir pour Dieu, n'accepte pas la présence d'une tierce personne. Mais là où la perspicacité de la sagesse est pénétrante, c'est qu'elle considère que s'abstenir d'agir pour les Hommes est de l'ostentation.
Comment divulguer une chose peut elle devenir ostentatoire ?
La sincérité dans l'acte réside dans l'intention qui l'anime.

Ainsi, lorsque nous refusons d'agir, nous ne devons pas le faire par crainte des regards des gens car leurs regards doivent être insignifiants à nos yeux. Si nous considérons leurs regards, notre refus d'agir n'est donc plus motivé pour Dieu mais elle manifeste notre égard vis-à-vis de nos actes. Cacher son acte alors, revient ici, à extérioriser et exhiber notre sentiment de piété.

A propos de l'auteur Abu Issac Ibrahim Ibn Adahm Ibn Mansour, étant d'une lignée royale, il raconte que son déclic spirituel lui est venu alors qu'il chassait le lièvre. Au milieu de son attraction, il sentit le plus profond de sa conscience l'interroger : « O Ibrahim, est-ce pour cela que tu as été crée ou est-ce cela ta vocation dans ce monde ? ». Ceci marqua le début de son cheminement qui l'a rendu aussi grand que célèbre dans le monde la spiritualité.

23. "L'arbre de la connaissance est arrosé par l'eau de la méditation"

Toute chose a été conçue dans ce bas monde pour évoluer, grandir, pour passer d'une étape à une autre. Ainsi, la vie du fils d'Adam est cyclique. Allah il dit : «Allah vous a créé dans la faiblesse, vous quittez cet état de faiblesse vers la force et vous quittez cet état de force vers la faiblesse une deuxième fois.» (s30 v54). Il en est de même pour les éléments terrestres, la nature, l'océan...

La foi aussi passe par des étapes. Allah dit des croyants : «Tu les vois inclinés, prosternés, recherchant d'Allah grâce et agrément. (...) Et l'image que l'on donne d'eux dans l'Evangile est celle d'une semence qui sort sa pousse, puis se raffermit, s'épaissit, et ensuite se dresse sur sa tige...» (s48 v29).

Le croyant évolue donc constamment dans la foi. Tout ce qui a germé doit être arrosé pour grandir. Cela nécessite donc un entretien permanent. Ainsi le Sheikh dans cette sagesse nous ouvre les portes de la connaissance, il nous dit : «L'arbre de la connaissance est arrosé par l'eau de la méditation.» Parce que la méditation mène vers la connaissance, la raison doit donc être mise à contribution face aux théories afin de s'enrichir de l'expérience de la pratique. L'arbre de la connaissance est arrosé par l'eau de la méditation.

Jadis les oulémas disaient : «la connaissance vient par l'étude». Il disait aussi, «l'arbre de l'insouciance est arrosé par l'eau de l'ignorance, celui du repentir par celle du regret, celui de l'amour par celle du don de soi»

A propos de l'auteur Abu Al Abbas Ahmad Ibn Masrouq, parmi les références musulmanes en matière de spiritualité et de purification de l'âme. Il a été initié par 2 grands maitres, Al Mouhasabi et Al Saqti. Il est mort et enterré à Bagdad l'an 920 après JC.

24. "Il se peut qu'Il te donne en te privant ou te prive en te donnant"

Dans un verset du coran, Allah dit : «Vous pouvez aimer une chose alors qu'elle est mauvaise pour vous et vous pouvez détestez une autre alors qu'elle est bien pour vous, car Allah seul connait et vous vous ne connaissez rien» (2:216).

Ce verset démontre une réalité absolue, le bien et le mal d'une chose ne dépend pas de l'amour ou non qu'on y porte. Pour employer une métaphore : quelque soit l'amertume d'un médicament, ceci ne peut en aucun cas remettre en cause son efficacité. Ainsi si le croyant fait preuve de bon sens, il comprendra qu'en nous privant d'une chose que nous avions désiré il se peut qu'Allah nous donne un bienfait caché encore meilleur. De la même manière, Il peut nous donner une chose qu'on lui a demandé alors qu'en réalité il nous prive d'un grand bien qui aurait aboutit à condition de perdre cette donation. Allah est le seul Connaisseur, le croyant ne peut que s'en remettre entièrement à Allah. Il lui appartient de Lui faire pleinement confiance, il en tirera profit comme le Prophète le dit : «Accepte avec joie ce que ton Seigneur t'a donné et tu seras le plus riche des hommes».

A propos de l'auteur Ibn Ata-Allah, Ibn Ata-Allah est sans doute l'un des maîtres spirituels les plus populaires et dont les écrits sont les plus lus dans le monde musulman.

Ibn Ata-Allah Al Sakandari a vécu au 13ème siècle en Haute Egypte, plus particulièrement dans la région d'Alexandrie. Ibn Ata-Allah a fait ses preuves dans le monde spirituel et a compris que le plus important dans la vie du croyant ce n'est point la connaissance des sources mais plutôt la compréhension et l'approche que l'on peut avoir des sources.

25. "Un péché qui engendre l'humilité et le retour à Dieu vaut mieux qu'une dévotion qui éveille la fierté et l'orgueil."

S'il n'y avait que cette sagesse dans les recueils d'Ibn Ata Ilah Alsakandari elle aurait suffi pour illuminer les cœurs. En effet, nombreux sont ceux qui se laissent emporter par leurs actes de dévotion au point de minimiser ceux qui pèchent oubliant que le bien et le mal sont des formes d'épreuve. Allah dit dans le Coran : «Et nous vous éprouvons par le bien et par le mal et c'est vers nous que vous allez retourner». Le mal peut donc être une épreuve de la même manière que le bien est aussi une épreuve. Un péché n'est rien d'autre qu'une épreuve dont il faut savoir sortir et le bien une épreuve dont il faut savoir être digne. Le péché n'est pas une fatalité dans la mesure où tous les fils d'Adam sont des pécheurs. De plus le bien que nous faisons ne garantie pas la miséricorde d'Allah car il reste à savoir si Il l'a accepté. C'est pourquoi Ibn Ata Ilah Alsakandari dit qu'un péché qui suscite humilité et retour vers Dieu vaut mieux qu'une dévotion qui suscite la fierté l'orgueil.

Allah ne nous a ordonné le bien que pour qu'il réveille en nous l'humilité et le retour à Dieu et nous a interdit le mal que pour ne pas s'égarer dans la fierté et l'orgueil. Pour résumer si les actes de bien appellent vers le mal, alors c'est du mal même si en apparence c'est du bien. A contrario tout ce qui conduit vers le bien est bien même si il peut prendre une apparence d'un mal.

A propos de l'auteur Ibn Ata-Allah, Ibn Ata-Allah est sans doute l'un des maîtres spirituels les plus populaires et dont les écrits sont les plus lus dans le monde musulman. Ibn Ata-Allah Al Sakandari a vécu au 13ème siècle en Haute Egypte, plus particulièrement dans la région d'Alexandrie. Ibn Ata-Allah a fait ses preuves dans le monde spirituel et a compris que le plus important dans la vie du croyant ce n'est point la connaissance des sources mais plutôt la compréhension et l'approche que l'on peut avoir des sources.

26. "Le mieux que tu puisses Lui demander c'est de parvenir à faire ce qu'Il t'a demandé."

Voilà une sagesse claire, précise, qui n'a pas besoin d'un gros effort de réflexion pour être bien comprise. Ibn Ata Ilah Alsakandari a le mérite de poser les bonnes questions et d'y apporter les bonnes réponses.

L'Homme ne peut pas vivre en paix sans aspiration et le croyant ne peut survivre sans s'en remettre à son Seigneur en quête de son soutien, d'où la parole du Prophète : «l'invocation est le cerveau de l'adoration» (Tirmidhi). Par ailleurs, Allah dit : «Et si ce n'était pas grâce à vos adorations je ne me serais certes pas soucié de vous» (25:77). En s'interrogeant alors sur la meilleure des invocations, on se rend compte qu'elle revient à demander à Allah la force de pouvoir faire tout ce qu'Il a demandé. Allah dit dans un hadith Qoudsy : «Mon serviteur ne peut se rapprocher de moi par un moyen meilleur que celui d'accomplir les obligations que Je lui ai prescrites» (Bukhari).

A propos de l'auteur Ibn Ata-Allah, Ibn Ata-Allah est sans doute l'un des maîtres spirituels les plus populaires et dont les écrits sont les plus lus dans le monde musulman. Ibn Ata-Allah Al Sakandari a vécu au 13ème siècle en Haute Egypte, plus particulièrement dans la région d'Alexandrie. Ibn Ata-Allah a fait ses preuves dans le monde spirituel et a compris que le plus important dans la vie du croyant ce n'est point la connaissance des sources mais plutôt la compréhension et l'approche que l'on peut avoir des sources.

27. "La faim est la nourriture des ascètes, le Zikr est celle des gnostiques."

La notion de privation à toujours eu une connotation négative, de manière générale, dans le conscient des hommes. Sauf chez les hommes de Dieu. Se priver des plaisirs mondains manifeste chez eux ce détachement des délices éphémères au profit de ceux essentiels et perpétuels. La faim en est l'exemple le plus probant. Ne pas manger de la journée est une chose inconcevable chez beaucoup. Pourtant, les ascètes en ont fait leur repas. Alors que manger à pour effet de fortifier l'Homme corporellement, la faim, elle, fortifie l'ascète de manière spirituelle. Ainsi vivait le prophète, paix et salut sur lui. Un jour, sa fille, la noble Fatima apporta au Prophète un petit morceau de pain. Il lui demanda : « Qu'as-tu là, Fatima ? - C'est une tranche de pain; je n'ai pu m'empêcher de te l'apporter. Il lui confia : c'est la première chose que je mange depuis trois jours ». Nourrir son âme, est aussi la caractéristique des hommes inspirés. Ils ressentent la faim spirituelle beaucoup plus que celle de l'estomac. Le rappel de Dieu, le Zikr, est pour eux un élément plus crucial, il est vital. Une tradition prophétique ne dit pas t elle : «l'exemple de celui qui s'adonne au rappel de Dieu et celui qui s'en abstient, sont comparables au vivant et au mort» ?

A propos de l'auteur Abu Muhammad Abdallah ibn Muhammad Al Kharaz est un maître spirituel du quatrième siècle hégirien. Originaire de la ville de Rayy, Al Kharaz résidait à La Mecque où il consacra ses études en compagnie d'Abu Hafs al-Haddad et Abu Imran al Kabir. Il rendit l'âme avant l'année 923 (310h).

28. "La guérison du cœur réside en cinq éléments."

Cinq éléments selon Ibrahim ibn Ahmad Al Khuwass ont comme effet de guérir le cœur. Les médicaments spirituels prescrits par Al Khuwass sont les suivants :

Le premier est «la récitation du coran avec méditation», d'où le verset coranique : «Ô gens ! Une exhortation vous est venue, de votre Seigneur, une guérison de ce qui est dans les poitrines, un guide et une miséricorde pour les croyants».

Le second est se «priver de manger» conformément au hadith prophétique : «Ne tuez pas les cœurs par la nourriture et la boisson, car le cœur ressemble aux cultures que l'excès d'eau tue.»

Le troisième est la «prière nocturne», celle-ci a en effet un impact profond chez le croyant, comme le stipule le coran: «La prière pendant la nuit est plus efficace et plus propice pour la récitation.»

Le quatrième est «la supplication avant l'aube» ; Dieu Le Très Haut en parlant des hommes du paradis dit : «Ils ne dormaient que très peu la nuit et à la fin de la nuit ils demandaient le pardon».

Enfin, le cinquième consiste à «fréquenter l'assemblée des pieux.» Luqman le Sage disait à son fils : «Attaches-toi à fréquenter les cercles des savants. Ecoute la parole des sages, car Dieu, qu'Il soit exalté, revifie le coeur mort par la lumière de la sagesse, comme Il fait revivre la terre par les averses.»

A propos de l'auteur Abu Ishaq Ibrahim ibn Ahmad Al Khuwass fut un éminent théologien et maître spirituel du troisième siècle de l'hégire. Proche de l'imam Junayd et de Abul Husseyn Al Noury, Ibrahim Al Khuwass rendit l'âme à Ray en 904 (291h).

29. "Les passions sont les rênes du Diable, celui
    qui se laisse guider par elles, devient son
    esclave."

Lorsque l'Homme se laisse guider par ses passions, il
n'est plus maître de lui même. Il subit alors l'influence du
diable qui le dirige vers les délices de ce bas monde. Sa
passion devient sa seule préoccupation ; elle prend une
place centrale dans sa vie qu'il va organiser autour
d'elle.

Tant que sa raison de prendra pas le dessus sur ses
désirs, sur son côté animal, il vivra aveuglé par la vie.
Dans le coran, Dieu dit en ce sens : «N'as-tu pas vu celui
qui prend sa passion pour divinité, et qu'Allah a égaré
avec science et dont il a scellé l'ouïe et le cœur et a mis
un voile sur la vue. Qui pourra le guider après Allah ?
Ne vous rappellerez-vous donc pas ?». La passion est
considérée comme une divinité car la place qu'elle
occupe dans le cœur de l'homme le pousse à la servir
aussi ardemment qu'un croyant pourrait adorer son
Seigneur. Il est au service de ses désirs autant qu'un
croyant se dévouerait à son Créateur. Parce que «le
Paradis est entouré de désagréments et l'enfer de
passions», l'homme doit faire un réel effort sur son âme
pour briser les chaînes de l'esclavage dominée par ses
passions.

A propos de l'auteur Abu Bakr Muhammad ibn Ali al Kattani fut un grand théologien du quatrième siècle hégirien. Originaire de Bagdad, il fut un maître spirituel ayant côtoyé Al Junayd, Al Kharraz ou encore Al Khuwass. Il s'installa à La Mecque pour se consacrer totalement à la dévotion de son Seigneur et sera nommé par ses pairs « La Lumière de La Mecque ». Il décéda dans la ville sainte en 934 (322h).

30. "Ne goûtera pas au plaisir de l'au delà celui qui aime se faire connaître des hommes.."

La sincérité est la base de l'adoration. Cette dernière ne serait être authentique que si elle est pratiquée exclusivement pour L'Unique. Ainsi, la satisfaction que l'Homme doit perpétuellement chercher dans tous ses faits et gestes est celle qui lui permettra d'accéder à la délivrance de son âme ; la satisfaction divine. Il en sera ainsi doublement récompensé. Non seulement ses actions seront acceptées mais son âme s'élèvera aussi en degré. A l'opposé, celui dont sa seule préoccupation est d'attirer vers lui les regards humains s'expose non seulement à leurs jugements, critiques, compliments aussi, mais plus important que tout, il a mis de côté Celui qui lui a donné vie. Un savant disait : «O Seigneur, j'aurais aimé qu'entre Toi et moi nos relations soient soudées, et qu'entre les hommes et moi tout nous sépare. Si Ton Amour pour moi est avéré, plus rien ne m'importe car tout ce qui se trouve sur terre deviendra poussière». Chercher la reconnaissance des hommes est donc une perte de temps car leurs avis sont aléatoires et ne manifestent pas l'amour de Dieu pour toi.

Au contraire, aimer se faire connaître des hommes est une marque de faiblesse. Ainsi le prophète, paix et salut sur lui dit : «Tout Serviteur qui agit ici-bas en vue de se faire une réputation ou d'être pris en vedette verra Allah dévoiler ses batteries devant toutes les créatures le Jour de la Résurrection.»

A propos de l'auteur Abu Nasr Bichr ibn Al Harith Al Hafi est un célèbre théologien, traditionnaliste et maître spirituel musulman du troisième siècle hégirien. Il naquit à Bagdad en 770 (152h) et côtoie d'éminents savants tels que l'imam Malik, Fudayl ibn Iyaad ou encore Ibn Mubarak. Il rendit l'âme en 841 (227h) dans sa ville natale, Bagdad.

31. "Le jeûne est de trois dimensions ; celui de l'âme, de la raison et de l'égo"

Le maître Muzfar Al Qarmasini aborde dans cette sagesse la réalité du jeûne dans toute sa profondeur. Il dit donc : «Le jeûne est de trois dimensions ; celui de l'âme consiste à diminuer l'espoir, celui de la raison à contredire les passions et celui de l'égo à s'abstenir des péchés et de la nourriture».

Dans la spiritualité, il existe trois degrés d'adoration. Il y a celui du corps, de la raison et de l'âme. La validation d'une action se fait par le physique. Ainsi quiconque s'abstiendra de manger et de boire durant la journée verra son jeûne validé. Le second palier consiste à faire accepter son acte, et là, la raison est de rigueur. Toute personne qui aura laisser ses passions prendre le dessus sur sa raison se verra priver d'acceptation.

Conformément à la tradition prophétique : «Celui qui ne s'abstient de mentir et d'agir en conséquence, Allah n'a que faire de son renoncement à la nourriture». Il en est de même pour la prière, comme le dit le hadith : «l'homme ne sera récompensé de sa prière que les moments de concentration». Enfin le troisième degré consiste a ne plus considéré l'adoration comme un rituel qui nous incombe mais un moment de bonheur. Le présent est savouré à chaque instant. Le maître conclut alors en nous définissant le jeûne de l'âme : réduire l'espoir.

Le croyant œuvrera alors au jour le jour, fermant ainsi la porte aux ruses sataniques, citées dans le verset : «Satan leur fait des promesses et leur donne de faux espoirs. Et le Diable ne leur fait que des promesses trompeuses.»

A propos de l'auteur Le maître Muzfar Al Qarmasini fait partie des éminents savants musulmans du quatrième siècle de l'hégire. Célèbre pour ses sagesses spirituelles, il fut l'un des compagnons d'Abdallah Al Kharraz.

<u>Traité sur la moralité pour le Ramadan</u>

➢ L'Amour

Dans le sens soufi, l'amour se définit par une attirance vers quelqu'un ou quelque chose. Mais lorsque le soufi prétend aimer Allah, c'est pour lui un amour plus fort que le lien qui unit la branche à l'arbre. Une branche ne peut prendre vie découpée de l'arbre. Etant l'œuvre de Dieu, nous ne pouvons prendre vie en nous détachant de notre Seigneur, donc nous sommes dans l'obligation, pour exister, de rester cramponnés à la corde divine «Et cramponnez-vous tous ensemble à la corde d'Allah» (s.3, v.103).

Mais ce sens du devoir, à savoir se cramponner à Allah, laisse parfois place à l'amour. Cet amour est défini par Rabi'a Al Adawiya, lorsqu'elle dit : « Ô Seigneur, n'eût été ta sagesse, j'aurais souhaité qu'il n'y ait pas de paradis, afin qu'aucun ne puisse t'adorer par amour pour le paradis. Et n'eût été ta sagesse, j'aurais souhaité qu'il n'y ait pas d'enfer, afin que nul ne puisse t'adorer par crainte de l'enfer ». Une manière de dire qu'elle souhaiterait que Dieu soit adoré uniquement par amour, un amour inconditionnel, à sa juste valeur. Et elle disait aussi : « Ô Seigneur, je T'aime de deux amours : un amour parce que Tu le mérites, et un amour passionnel. Quant à mon amour passionnel, il se manifeste par le fait d'effacer de mon regard tout ce qui n'est pas Toi.

Et quant à l'amour que Tu mérites, c'est celui qui me mènera au dévoilement, afin que je puisse Te contempler. Mais je n'ai de mérite ni dans le premier ni dans le deuxième cas, mais à Toi seul revient le mérite dans les deux cas car, n'eût été Ton amour pour moi, je ne T'aurais aimé ».

Et dans cet amour profond, l'imam Ibn Al Farid a composé d'excellents poèmes dans lesquels il déclare sa flamme à son Seigneur lorsqu'il dit:«Tu es mes obligations et mes nawafils, mes discussions et mes préoccupations/ Tu es ma direction lorsque je me tiens debout pour prier/ Ta beauté est sous mes yeux, vers elle je dirige tout en moi/ Ton secret est dans ma conscience et mon cœur est le mont du dévoilement/ En une nuit, j'ai aperçu du feu dans le quartier et j'ai prévenu ma famille/ Attendez, leur dis-je, peut-être trouverais-je ma guidée, peut-être/ Une fois près de lui, ce fut le feu de l'interpellé avant moi/ Et l'on m'appela à haute voix. Faites revivre mes nuits et mon bonheur/ Et une fois l'heure de l'unification de mon être arrivée.../ Ma montagne est devenue poussière par la grandeur du dévoilé/ Et un subtil secret se manifesta. Seuls mes semblables le comprennent/ Me voilà Moussa de mon temps depuis qu'une partie de moi est devenue tout en moi/ Dans la mort se trouve ma vie et dans la vie ma mort/ Je suis le pauvre, le malade. Ayez pitié de ma situation et de mon humilité.»

➤ L'écoute

Ecouter, c'est prêter l'oreille. Allah dit : «craignez Allah, suivez les ordres, et soyez à l'écoute». Le croyant est toujours à l'écoute, c'est à dire qu'il cherche à puiser l'entendement qui est nécessaire à renouveler la foi, car comme dit le Prophète : «la foi s'use telle un habit, pensez à la renouveler». Lorsqu'on l'interrogea sur la manière de la renouveler, il répondit : «Multipliez la mention de la formule Lâ ilaaha illa Allah (Il n'y a nul dieu que Dieu)». Et le Prophète nous fait savoir que la meilleure parole qui nourrit les cœurs est le Coran. Notre maître Seyidina Uthman disait : «si vos cœurs étaient purs jamais ils ne seraient rassasiés du Coran», et notre maître le Prophète dit dans un autre hadith: «on ne se fatigue pas à force d'écouter le Coran».

L'écoute dans la tradition spirituelle consiste donc à consacrer du temps dans ses journées à l'écoute du Saint Coran. D'une part parce qu'à chaque fois que tu l'écoutes c'est comme si tu prêtais l'oreille à ton Seigneur une nouvelle fois, mais c'est aussi de là que vient la compréhension, Allah dit: «Il y a en cela un rappel pour celui qui a un cœur, qui prête l'oreille et qui est témoin» (s.50, v.37).

Ecouter le Coran est également une source de miséricorde pour toute personne qui le fera avec attention : «Et quand on récite le Coran, prêtez-lui l'oreille attentivement et observez le silence, afin que vous obteniez la miséricorde».

Ecouter avec égard ces paroles divines se traduit en une quiétude venant habiter l'auditeur qui ressent ainsi la douceur de la foi : «Les vrais croyants sont ceux dont les cœurs frémissent quand on mentionne Allah. Et quand Ses versets leur sont récités, cela fait augmenter leur foi.».

Le Prophète, paix et salut sur lui, en personne aimait écouter le Coran de la part de ses compagnons. Ecouter les poèmes dont les thèmes restent essentiellement la gloire du Prophète et l'amour de Dieu occupe aussi une place notable dans la spiritualité de tout aspirant. Leur expression ainsi que leur contenu, ont pour effet d'augmenter l'amour et la foi des auditeurs, plongés dans le sens des paroles.

➤ L'acte de se prémunir

Généralement traduit par la piété, le mot « at taqwa » signifie l'acte de se prémunir, le fait de se donner une protection. Ce mot vient de «wiqaya», qui renvoie à l'idée de se protéger. Allah dit: «celui qui, pour se préserver du châtiment, positionne sa tête en direction du feu». Le mot « at taqwa », c'est donc de se prémunir. Et lorsque l'on dit «wa taqullah», cela ne signifie pas «craignez Allah», mais plutôt prémunissez-vous de la colère d'Allah, mettez entre vous et la colère de votre Seigneur une barrière qui vous empêche d'aller au-delà de ce qu'Il a ordonné. C'est pourquoi Allah a fait de cette « taqwa » la porte de tout bien.

Pour ceux qui sont à la recherche de la bénédiction, Allah dit: «si les habitants de la cité avaient cru et s'étaient prémunis, nous leur aurions ouvert les bénédictions des cieux et de la terre» (s.7, v.96). Pour ceux qui recherchent de la connaissance divine, Allah dit: «prémunissez-vous de votre Seigneur et Il vous enseignera» (s.2, v.282). Pour réussir à ne pas être manipulé, trompé, égaré par qui ou quoi que ce soit, obtenant ainsi la lumière divine nous permettant de discerner le vrai du faux, le bien du mal, le pur du souillé, Allah dit: «Ô vous qui croyez! Si vous vous prémunissez d'Allah, Il vous accordera la faculté de discerner (entre le bien et le mal), vous effacera vos méfaits et vous pardonnera. Et Allah est le Détenteur de l'énorme grâce»

Quant à ceux qui souhaitent se voir accepter leurs dons, adorations et invocations, Allah dit dans le Coran: «Allah n'accepte que de la part de se qui se prémunissent». La Taqwa nous est même présentée comme étant la meilleure parure que l'on peut s'offrir. Allah dit: «Ô enfants d'Adam! Nous avons fait descendre sur vous un vêtement pour cacher vos nudités, ainsi que des parures. - Mais le vêtement de la « taqwa » voilà qui est meilleur.»

Voilà pourquoi Allah en a fait la recommandation majeure pour nous et toutes les communautés qui nous ont précédées : «Prémunissez vous de la colère divine» Voilà ce que Nous avons enjoint à ceux auxquels avant vous le Livre fut donné, tout comme à vous-mêmes. Les versets qui parlent de ceux qui se protègent et préservent de tout péché sont innombrables mais il suffit de savoir qu'Allah leur a réservé Son amour et la bonne fin, Allah dit : «Allah aime les prémunis», «la bonne fin est réservée aux prémunis».

➤ **L'altruisme**

Faire passer l'autre avant soi, trouve sa source dans la religion musulmane dans un verset coranique qui dit : «ils font passer les autres avant eux, même si ce sont des choses qui sont très intimes et personnelles.» Ce verset a une histoire : lorsque le Prophète, paix et salut sur lui, arriva à Médine, il désigna des binômes d'hommes. Chaque mecquois eut comme tuteur un médinois chargé de l'aider à s'intégrer. Cette démarche fut tellement sincère de la part des deux parties que certains divisaient leur argent en deux. D'autres proposèrent même à leur binôme de choisir une de leurs femmes afin de l'épouser. Ils avaient atteint un niveau où leur ambition dépassait le stade de possession des plaisirs mondains. D'ailleurs leurs volontés n'étaient pas animées par le plaisir de satisfaire leur binôme.
Mais leur regard était porté sur la satisfaction divine. Il est meilleur de faire partie des gens qui se sacrifient pour les autres plutôt que d'être la personne pour qui les gens se privent de leur confort. Toute personne digne se doit de refuser cette position. Agréer ce que Dieu t'a donné est la meilleure des richesses. Ainsi, lorsqu'un des compagnons du Prophète, paix et salut sur lui, fut accueilli; son binôme lui proposa la moitié de son argent et de subvenir à ses besoins. Il lui répondit : «je préfère que tu me prêtes l'argent et que je te le rende» et lui demanda plutôt de lui expliquer les réalités commerciales et les pièges à éviter à Médine.

Ce compagnon devint par la suite l'un des plus riches de Médine. Il souhaitait gagner son argent par ses propres efforts. La générosité n'est donc pas que matérielle, elle est aussi d'ordre temporelle et morale.

Un jour, alors que Sayidna Ibn 'Abbas était en retraite spirituelle dans la mosquée du Prophète, paix et salut sur lui, un homme rentra dans la mosquée et lui exposa un grand problème qu'il le tourmentait. Sayidna Ibn 'Abbas se leva et l'accompagna afin de dissiper son souci. L'homme lui dit «mais tu es en retraite !». Sayidna Ibn 'Abbas lui répondit : « j'ai entendu le Prophète, paix et salut sur lui, dire deux paroles : «la meilleure des actions est une joie que tu mets dans le cœur d'un croyant qui mesure le poids des choses, qui sait ce qui est raisonnable et ce qui ne l'est pas, ce dont il a besoin et ce dont il n'a pas besoin. Et la meilleure des créatures est celui qui est le plus utile aux créatures». Et cela est préférable que de rester quarante ans en retraite spirituelle. Cela reflète la manifestation d'une des caractéristiques de Dieu, c'est Lui qui pourvoit aux besoins des Hommes.

➤ L'évocation d'Allah

«Et invoque ton Seigneur en toi-même, avec humilité et crainte, à mi-voix, le matin et le soir, et ne sois pas du nombre des insouciants.» s.7 v.205

Ce verset montre avec beauté la relation d'intimité avec le seigneur que tout croyant se doit de créer et d'entretenir par le biais de la pratique appelée le dhikr ou l'évocation d'Allah.: «Evoquez moi et je vous évoquerais». Par ailleurs, notre maître le Prophète, paix et salut sur lui, dit : «Allah dit : «Je serais avec mon serviteur où il pense me trouver, je serai avec lui lorsqu'il m'évoquera, s'il le fait en lui, Je le ferai en Moi, s'il le fait devant une assemblée, Je le ferai devant une assemblée bien meilleure encore» (Bukhari). «Celui qui évoque son Seigneur et celui qui ne l'évoque pas sont comparables respectivement aux vivants et aux morts.» (Tirmidhi)

A ce propos, un homme demanda à notre Bien-aimé: «Ô messager d'Allah ! Les prescriptions de l'Islam sont trop nombreuses pour moi, donne-moi une chose à laquelle je puisse m'attacher». Il lui dit : «Que ta langue ne cesse d'être imbibée par l'évocation d'Allah». (Tirmidhi). On peut citer également Sa parole lorsqu'il dit : «Vous informerai-je de la meilleure de vos œuvres, la plus pure auprès de votre Maître, celle qui vous élève le plus de degré, meilleure encore que de dépenser de l'or et l'argent ou de combattre vos ennemis ?» «Bien sûr !» nous répondîmes. Il nous dit alors : «L'évocation d'Allah». (Tirmidhi).

L'étendue de la véracité de ces propos prophétiques se vérifient en méditant sur le hadith dans lequel il est dit : «Quiconque dit 100 fois par jour : «il n'y a pas d'autre divinité qu'Allah, l'unique sans associé, à lui la Royauté et la Louange, et il est capable de toute chose», aura la récompense de l'affranchissement de 10 esclaves, on lui écrira 100 bonnes actions, et on lui effacera 100 péchés ; et personne n'aura une meilleure récompense sauf une personne qui aura accompli plus de bonnes actions que lui» (Bukhari) ou encore le verset 35 de la sourate 33 lorsqu'Allah dit : «Ceux et celles qui évoquent Allah beaucoup de fois, Allah a préparé pour eux un pardon et une énorme récompense»

➤ **L'humilité**

L'humilité fait partie de ces grandes vertus que l'on peut transformer en donation. Différemment de la miséricorde que l'on peut donner, ou de l'argent qu'on partage, l'humilité est semblable à la couleur de peau dont on ne peut se défaire. Attention cependant à la fausse humilité. Par exemple, lorsqu'un homme que l'on félicite pour la beauté de sa récitation coranique et de sa voix, répond par : «Non, ce n'était pas beau» alors qu'au fond de lui, il est convaincu de la beauté de ce qu'il vient d'accomplir, il ne s'agit pas d'humilité ; c'est mentir, tricher, être hypocrite.

En revanche, affirmer en toute objectivité : «C'est beaucoup plus beau que vous ne le pensez, vous n'avez pas l'écoute professionnelle et vous ne pouvez pas vous rendre compte de la qualité de ce que vous venez d'entendre, et encore, je ne vous ai pas tout montré.» ne va pas à l'encontre de l'humilité car c'est une prise de conscience des bienfaits d'Allah. C'est dans ce sens que le compagnon Abou Moussa, après avoir récité le Coran sous l'écoute du Prophète, paix et salut sur lui, et que ce dernier l'ai complimenté pour sa voix : «Dieu t'a accordé un trésor parmi les trésors de la famille de Daoud», répondit : «Ô Messager de Dieu, je ne savais pas que tu m'écoutais, sinon j'aurais embelli ma voix et mieux récité».

Rester réaliste et conscient des bienfaits dont on peut jouir et le revendiquer n'est nullement une forme d'orgueil. Dieu dit en effet : «Et quant au bienfait de ton Seigneur, proclame-le». Etre conscient de Ses bienfaits doit résulter d'une conviction que tout ce qu'on possède est le fruit non pas de nos efforts mais de la volonté divine. L'humilité, c'est de regarder nos compétences ou qualités comme étant des dons divins, que Dieu aurait pu accorder à d'autres et ne pas se considérer supérieur à qui que ce soit. L'humilité est la vérité.

Celui qui considère ce qu'il a comme étant le résultat de son œuvre se trouvera dans la même position de Qaroun qui dit un jour : «C'est par une science que je possède que ceci m'est venu». Sa rétribution fut : « Nous fîmes donc que la terre l'engloutît, lui et sa maison. Aucun clan en dehors d'Allah ne fut là pour le secourir, et il ne pût se secourir lui-même.» D'où le hadith prophétique : «Celui qui est humble, Dieu l'élèvera, quant à l'orgueilleux, il le rabaissera»

➢ **L'invocation**

«Et votre Seigneur dit invoquez-moi et je vous répondrai»
(S.40-v.60)

L'invocation occupe une grande place dans la vie du
croyant car elle représente le lien entre le Seigneur et
son serviteur, à ce sujet Allah dit : «Dis mon Seigneur ne
se saurait point soucié de vous sans vos invocations»
S.25-v.77. et Il dit : «Et si mes serviteurs t'interrogent à
mon sujet, je suis certes proche, je réponds à l'invocation
de celui qui invoque lorsqu'il m'invoque».

Même si, dans ces versets, notre Seigneur nous garantit
l'acceptation cela n'exclut pas que le croyant doit
connaître les règles essentielles pour la bonne
acceptation de nos demandes et souhaits. On peut citer
par exemple le fait d'être convaincu lors des invocations,
comme le dit le Prophète : «Invoquez Allah tout en étant
convaincus qu'Il vous exaucera» Tirmidhi.

Il faut aussi apprendre à ne pas désespérer et ce quelque
soit le temps qui s'écoule entre la demande et
l'acceptation car : «Allah exaucera les souhaits de l'un
d'entre vous tant qu'il ne désespère pas en disant je L'ai
invoqué mais Il ne m'a pas répondu» Bukhari.

Il faut aussi apprendre à ne solliciter le Seigneur que pour le bien en étant déterminé. On rapporte que jadis le célèbre gouverneur de Bagdad, Hajaj Ibn Youssouf (réputé pour sa tyrannie) a vu un homme allongé par terre formuler des invocations tel un insouciant, c'est alors que Hajaj sortit son épée et menaça l'homme en lui disant : «Implore ton Seigneur de te préserver de moi car je m'apprête à te tuer». Alors l'homme se mit à pleurer d'une manière intense en disant : «Ô Seigneur, préserve ma vie et sauve-moi de Hajaj» ; et là Hajaj remit son épée dans le fourreau et lui dit : «Si tu veux que ton Seigneur t'exauce, c'est avec la même ferveur que tu dois l'invoquer».

➢ La bonté

La bonté est une des branches de l'arbre de la miséricorde. Elle est un élément qui, émanant de l'amour et de la miséricorde, pousse à être serviable.

Dieu dans le Coran met en exergue les domaines d'application de la bonté, dans un verset de la sourate Al Baqarah. Il évoque la bonté intérieure d'une part, qui consiste en la foi, la bonté extérieure d'autre part, qui consiste en l'agissement. Cette bonté extérieure peut se manifester vis-à-vis du Seigneur et vis-à-vis des semblables, et aussi une bonté de l'âme, qui est un état d'esprit : «La bonté pieuse ne consiste pas à tourner vos visages vers le Levant ou le Couchant. Mais la bonté pieuse est de croire en Allah, au Jour Dernier, aux Anges, au Livre et aux prophètes, de donner de son bien, quelque amour qu'on en ait, aux proches, aux orphelins, aux nécessiteux, aux voyageurs indigents, et à ceux qui demandent l'aide et pour délier les jougs, d'accomplir la prière et d'acquitter l'aumône. Et ceux qui remplissent leurs engagements lorsqu'ils se sont engagés, ceux qui sont endurants dans la misère, la maladie et quand les combats font rage, les voilà les véridiques et les voilà les vrais pieux !» (s.2, v.177)», C'est à dire voilà ceux qui ont été véridiques quand ils prétendent avoir la bonté. Ce verset met le doigt sur un élément fondamental de la foi à savoir l'acte du corps et celui des membres du corps.

Dieu introduit le verset par le côté négligeable de tout acte démuni de motivation sincère à la satisfaction divine.

Prier machinalement matin et soir, sans concentration, ni crainte, ni espoir n'est nullement un acte de bonté quand bien même cette adoration relève des plus manifestes actes spirituels. L'acte de la conscience entraînant l'homme à la conviction de la croyance est cette bonté que celui qui est à la quête de Dieu doit chercher. Lorsque la certitude aux éléments de la foi est établie, tout acte encouragé par une bonne intention se transformera en une bonté pour être bénéfique tant à l'auteur qu'au destinataire. Ta moralité se verra améliorée et tes aspirations élevées. Ainsi lorsqu'un compagnon interrogea Prophète, paix et salut sur lui, sur la bonté, il répondit : «Interroge ton cœur, la bonté se trouve là où ton âme et ton cœur se trouve apaisés».

➤ La clairvoyance

L'homme possède des yeux dont l'action est appelée la vue, en arabe « al bassar ». Quant à l'âme, elle perçoit les choses par la clairvoyance, « al bassira ».
La clairvoyance est donc cette capacité de vision profonde et de compréhension avancée des choses allant au-delà de leur aspect visible, limité dans l'espace et dans le temps. Celui qui voit un homme, par exemple, il ne voit de cette personne que son aspect physique.

La clairvoyance est cette capacité d'aller au-delà du visible, au-delà de ce qu'il paraît, au-delà de ce que l'on observe. Un homme clairvoyant ne se laisse donc pas tromper par le paraître, même dans le futur. Aujourd'hui un homme peut être bien mais ne plus l'être dans dix ans. Le clairvoyant est celui qui par l'étude du comportement et par ce que Dieu lui a accordé, est capable d'anticiper ce qui se passera dans telle et telle situation. On peut donc définir la clairvoyance comme étant la guidée des cœurs. Dieu dit : «celui qui croit en Allah, Allah guidera son cœur». Il a la capacité de sentir. Une nuit, Sayidna 'Ali fit un rêve bien après la mort du Prophète, paix et salut sur lui, et de Sayidna Abou Bakr. Il rêva qu'un matin, il partit et pria à la mosquée derrière le Prophète, paix et salut sur lui. Une fois la prière terminée, en rentrant chez lui, il vit une femme devant la porte, qui lui donna des dattes en lui disant : "donne les au Prophète, paix et salut sur lui, dis-lui que c'est de ma part".

Alors il les donna, toujours dans le rêve, au Prophète. Le Prophète, paix et salut sur lui, lui tendit une datte. Seyidna Ali, qui trouva la datte succulente, lui dit: «Ô Messager de Dieu, peux-tu me rajouter une deuxième ?» Au moment où le Prophète levait la main pour lui rajouter, il se réveilla. Quelques instants après son réveil, vint l'heure de fajr et il partit alors à la mosquée. C'était Sayidna 'Omar qui dirigeait la prière. Quand ils finirent la prière, en sortant, il vit une femme qui lui donna une assiette de datte et lui dit «donne-la à Amiroul Mouminin.» En recevant l'assiette, Sayidna 'Omar propose une datte à l'imam Ali. Ce dernier, trouvant la première délicieuse, demanda une seconde datte. Sayidna 'Omar prit la datte et au moment de lui passer il lui dit : «Ô 'Ali, si le Prophète, paix et salut sur lui, t'avais rajouté une deuxième, je t'aurais rajouté une deuxième.» Etonné l'imam Ali lui demande comment il l'a su. A notre maître Umar de lui dire : «ne sais-tu pas que le croyant perce par son âme les réalités ?»

> ## La compagnie

Dans la voie qui mène à Allah, l'aspirant se doit d'être bien entouré. Tout d'abord par un Sheikh, car celui-ci est un exemple vivant de la maturité spirituelle, un connaisseur des méthodes prophétiques d'éducation et surtout, un héritier de la science des messagers de Dieu. Comme le dit si bien notre maître le Prophète : «les savants sont les héritiers des Prophètes et l'on hérite des Prophètes ni argent ni biens, mais plutôt la connaissance.» Ainsi, comme pour tous les domaines du profane, il nous faut un formateur. Le Sheikh est un formateur qui, ayant une expérience bien déterminée, partage celle-ci en montrant la voie. Il ne fait donc aucun doute, même si certains réfutent cette parole par ignorance, que « celui qui n'a pas de maître qui le prend par la main, qu'il sache qu'il a laissé son âme à la merci du Diable et de sa passion ». Et cette « macheikha », cette compagnie d'un cheikh, est venue dans un hadith de Bukhari ou le Prophète dit : «celui qui meurt alors qu'il n'a pas attaché autour de son cou la corde de l'allégeance à un imam, qu'il sache qu'il est mort dans l'ignorance». Et ici, il ne parle pas de l'imam Suprême, mais d'un imam, du guide qui nous montre la voie, qui nous prend par la main.

Après cette compagnie, fondée dans la confiance mutuelle, le respect et l'amour, il en existe un autre type, tout aussi important : la compagnie de tes frères qui partagent tes aspirations.

Leur compagnie est importante car c'est celle-ci qui réveille en toi la détermination ou, à défaut, qui fortifie ta détermination lorsqu'elle s'affaiblit. Ainsi Allah dit : «protège ton âme, en restant en compagnie de ceux qui adorent leur Seigneur matin et soir, et qui désirent Sa face. Et ne détourne pas ton regard d'eux, sinon tu aimeras la beauté de ce bas-monde.»
Parmi les formes de compagnie que Dieu considère comme telle, celle des parents. Cette compagnie ne se justifie pas par leur croyance ou mécréance, mais tout simplement par le lien d'ascendance : «donne leur ta compagnie dans ce bas-monde de la meilleure manière» (s.31, v.15). Cependant, la compagnie ne signifie pas être soumis aveuglement à quelqu'un, malgré la bonté dont il faut faire preuve. En effet, Dieu dit : «si tes parents te demandent de faire le péché, ne les suis pas, mais garde ta compagnie avec eux dans ce bas-monde de la meilleure manière» (s.31, v.15).

Il existe enfin une autre forme de compagnie, c'est celle de notre conjoint, celui qui partage notre vie quotidienne. Cette personne doit être choisie avec précaution. Pour cela il faut avant tout se mettre d'accord, et vérifier que l'on partage non pas la même manière de vivre, mais les mêmes principes. On peut certes être différents sur les moyens d'arriver à nos fins, mais notre but doit être le même.

➢ La constance

C'est sans aucun doute la vertu la plus difficile, voire quasi impossible à respecter à cette époque. En effet, le Prophète, paix et salut sur lui, dit : «soyez constant mais vous ne saurez l'être.» La constance consiste à ce que chaque partie de ton être soit continuelle dans la tâche que le Divin lui a attribuée.

Ainsi la langue peut être constante et les mains non. Les yeux peuvent être constants mais pas les oreilles. Il faut donc que chaque élément de ton existence soit stable. Voilà ce qu'on appelle « al istiqama ». Malgré sa difficulté, c'est la seule voie qui mène vers la wilaya. Dans le Coran, Dieu dit au Prophète, paix et salut sur lui : «sois constant, comme je te l'ai ordonné.» La constance est liée à un ordre. Dieu aime la rigueur et il n'a pas demandé à l'Homme d'être constant à la mesure de ses possibilités mais à la mesure de l'ordre divin. Et Il dit : «ceux qui ont dit notre seigneur est Dieu et qui ont respecté la constance, ils n'auront plus à connaître ni peur, ni tristesse.» Et Il dit dans un verset : «ceux qui ont dit Dieu est notre seigneur et ont gardé la constance, ils connaîtront le soutien et la compagnie des anges à tout instant au moment où ils s'apprêteront à faire leur dernier voyage pour quitter ce bas monde. Ils auront comme message « N'ayez pas peur et ne soyez pas affligés; mais ayez la bonne nouvelle du Paradis qui vous était promis.»

Le premier pas vers la constance est avant tout de bien
s'entourer, comme le dit ibn 'Atta Allah : «n'accompagne
pas celui dont sa situation ne te motive pas et dont les
propos ne te mènent pas vers Allah. S'il n'a pas pu
t'influencer dans le mal, il a quand même usé de ton
temps que tu aurais pu utiliser dans autre chose qui
plaît à Dieu».
La seconde étape est de retenir sa langue, Le Prophète,
paix et salut sur lui, dit : «la clef de la constance c'est la
langue.» Et il dit : «tous les matins, tout le corps
s'adresse à la langue et lui dit tu es notre chef, si tu es
constante, nous serons constants, si tu ne l'es pas nous
ne le serons pas.»

Enfin, le troisième élément de la constance est la
durabilité dans les actes. Saydatouna 'Aicha dit : «la
famille du Prophète a été éduquée dans une seule chose,
la constance dans ses actions». Ne commence pas une
action tant que tu n'en garantis pas la constance. Et le
Prophète, paix et salut sur lui, dit : «la meilleure des
actions auprès de Dieu est celle qui dure dans le temps
même si c'est minime.»

➢ La méditation

«Il y a dans la création des cieux et de la terre, dans l'alternance du jour et de la nuit, dans les navires qui voguent au-dessus de l'océan chargés de choses profitables aux gens, dans l'eau qu'Allah fait descendre du ciel, par laquelle Il rend la vie à la terre une fois morte et y répand les bêtes de toute espèce, dans la variation des vents, et dans les nuages soumis entre le ciel et la terre, en tout cela il y a des signes pour ceux qui raisonnent». (s.2, v. 164) Et ces signes-là ne sont visibles que pour les gens de raison, les gens de l'intellect. Allah a cité les caractéristiques de ces derniers de plusieurs manières différentes. Il les a notamment appelés les convaincus, les doués d'intelligence, ceux qui sont attentifs, ceux qui connaissent, ceux qui raisonnent, ceux qui se rappellent, ou encore ceux qui se souviennent. Tout ceci pour désigner les gens de l'intellect, car l'Homme ne tire sa supériorité vis-à-vis des autres habitants de ce bas-monde que par son intelligence. Un Homme qui ne réfléchit pas ne vaut en réalité pas mieux qu'un mouton.

Ainsi, la culture de la méditation ne cesse d'évoluer dans la pratique de la spiritualité. Et méditer, c'est observer et s'interroger sur la pertinence des paroles d'Allah.

Il existe d'ailleurs énormément de versets ou de hadiths que l'on on pourrait répéter tous les jours sans pour autant méditer et essayer de comprendre ce qui se cache vraiment derrière. Parmi ces exemples, le hadith où notre maître le Prophète dit à un compagnon: «prends mon manteau et donne-moi le tien. Parce que ton manteau n'a cessé de me perturber dans ma prière».

La réflexion doit toujours animer nos compréhensions des hadiths et des versets coraniques et non une lecture démunie d'entendement. Plus nous cherchons à aborder les sources par la pensée et la méditation, plus Allah déversera en nous la compréhension des choses. Le tout est de s'adonner à cet exercice de raisonnement, en exposant les hypothèses plausibles à nos questionnements jusqu'à ce nos cœurs se voient accorder l'illumination divine nous conduisant à la vérité. Ainsi parmi les paroles que l'on a héritées du compagnon Abu Darda: «Méditer une heure est meilleure que de s'adonner en prière la nuit durant»

➤ La politesse

La politesse est la vertu qui regroupe le mieux les valeurs de l'islam. En effet, elle réunit savoir-faire, savoir-être, et savoir-vivre. En réalité, tout en l'Homme n'est que relationnel : tantôt vis-à-vis de son Créateur, tantôt vis-à-vis de ses semblables, les créatures, et tantôt vis-à-vis de lui-même, et de son âme.

La politesse envers son Seigneur, c'est tout simplement de préserver la véracité de la servitude face à Lui. Comme cela a déjà été développé, la véracité est le fait que la moindre partie de notre être ne soit que du Vrai. Cela englobe donc notre manière de faire, de penser, notre état d'esprit, nos actes, nos intentions, etc. Cette véracité tire sa force d'un nom d'Allah, le Vrai : «Tel est ton Seigneur, le Vrai» (s.31, v.30). Et donc, toute personne qui se branche dans le rayonnement de son Seigneur le Vrai ne peut qu'avoir de la véracité. Et cette véracité dans la servitude vis-à-vis de Dieu regroupe un large ensemble de vertus, parmi lesquelles le respect, magnifier Sa grandeur, Le remercier, reconnaître Ses bienfaits...

Vient ensuite la politesse dans ses relations avec les autres. Tout son comportement a été résumé par le hadith : «Le vrai musulman est celui dont les Hommes ne craignent ni sa main, ni sa langue. Le croyant est celui auquel les gens font confiance, et le grand djihadiste est celui qui combat son âme et son égo.

L'immigrant est celui qui abandonne la désobéissance pour immigrer vers l'obéissance». Une belle manière donc de résumer la politesse dont l'Homme doit faire preuve.

La troisième grande forme de politesse est celle que l'on accorde à son âme, à soi-même. Il s'agit là de préserver son âme, de la purifier, et de ne pas lui ouvrir les portes de la perversité. Ainsi, la politesse se manifestera avant tout dans la parole. Allah dit : «Dis à mes serviteurs de parler de la meilleure manière» (s.17, v.53).

Mais préserver la politesse dans ses paroles et dans ses actions ne suffit pas, il faut aussi ne pas oublier la politesse dans ses pensées. Ainsi, les soufis ont pour habitude de dire : «ne peut connaître l'illumination intérieure celui qui est démuni de politesse, car la prière n'est-elle pas simplement une manifestation de la grande politesse ?»

> ## La puissance

La puissance est la capacité de mettre en œuvre sa volonté. Ainsi elle est l'exclusivité du divin. Mais par Sa grandeur et pour élever l'Homme à son rang puisqu'Il l'a créé à Son image, Allah a fait de la puissance un des attributs des anges. Il dit à propos de l'enfer qu'il est surveillé par des Anges durs, solides et puissants. Il a aussi fait de la puissance une des caractéristiques de Seyidina Djibril, Il dit : "le Prophète a été instruit par le détenteur de la puissance" (s.53, v.5) et Il dit "détenteur de puissance et très digne de confiance auprès de son Seigneur". Il a fait aussi de la puissance et la force une des caractéristiques des pieux. Allah dit "la puissance est celle de Dieu, du Prophète et des croyants". De même, notre maître le Prophète dit : «le musulman fort est meilleur et plus aimé de son Seigneur que le musulman faible mais ils ont tous les deux du bien».

Le musulman fort est meilleur que le musulman faible ; sa force évoquée ici, est celle de la foi et de la détermination qui fait que rien ne peut le détourner de son objectif. Et Seyidatouna Aicha nous dit "le Prophète dans sa maison aidait sa famille et travaillait. Et lorsque venait l'heure de la prière, il sortait pour l'accomplir comme s'il ne nous avait jamais connu et que nous ne l'avions jamais connu".

Cette force de détermination fait qu'on ne retourne pas en arrière. Cette force est tantôt matérielle, tantôt spirituelle, et ces deux forces sont comme deux ailes pour le croyant, deux ailes sans lesquelles on ne peut avancer. Et Allah nous montre cette dualité de la force dans un seul verset en disant : «Nous avons donné à Daoud la grande grâce. Ô montagnes et oiseaux répétez avec lui. Et pour lui, Nous avons adouci le fer» (s. 34, v.10-11). Dieu évoque d'abord la force spirituelle de Seyidina Daoud, qui était telle que, lorsqu'il récitait le livre, les oiseaux et les montagnes imploraient Allah en même temps que lui. Tout ceci par la puissance de sa spiritualité. Puis Allah évoque la force matérielle en faisant de son prophète Daoud, paix et salut sur lui, le premier à créer des armures.

Dieu dit ensuite : "œuvrez alors pour remercier Allah de cette grande grâce". Ainsi Seyidina Suleymane résumait cette grâce en disant : "Ô vous les hommes ! Allah nous a enseigné la parole des oiseaux et de chaque chose qui peut tenir un royaume il nous a donné une partie. Voilà la grâce éclatante." Le musulman doit donc chercher à s'imprégner de cette force car le croyant fort est meilleur que le croyant faible.

➢ La reconnaissance

Dieu dit : «celui qui est reconnaissant, ne l'est que pour lui-même et peu de mes serviteurs sont reconnaissants.» La reconnaissance a trois étapes. La première : savoir que tu as un bienfait. La seconde : reconnaître d'où vient ce bienfait. Et la troisième : savoir où doit aller ce bienfait. Toute personne qui passe à côté de la première étape qui consiste à prendre conscience du bienfait ne peut être reconnaissante. En effet, il se plaindra sur des bienfaits que Dieu lui a accordés, le considérant, par son manque de lucidité, comme une épreuve.
Quant à la seconde phase, celui qui considère être la cause et l'auteur de ce bienfait, provenant de son intelligence ou de ses efforts, n'a pas été reconnaissant car il n'identifie pas son Seigneur comme étant Le Bienfaiteur.

Pour la troisième phase, quand Dieu pourvoie son serviteur d'un bienfait, celui-ci doit l'utiliser pour le remercier. Et pour ce faire, le bienfait doit être dépensé dans ce pourquoi il a été créé. Par exemple, pour que le riche soit reconnaissant dans la troisième étape, il doit dépenser de sa richesse. Le savant pour être reconnaissant de sa science, il doit dépenser de sa science. Etre reconnaissant est le fait d'utiliser le bienfait dans ce qui plaît à Dieu. Ibn 'Atta Allah dit d'ailleurs une belle parole : «celui qui ne sait pas être reconnaissant, a mis ses bienfaits en danger.»

En effet, Dieu reprend tout bienfait qui n'a pas été suivi de reconnaissance. Un autre savant dit : «le bienfait doit être enchaîné par la reconnaissance.» Et celui qui ne l'enchaîne pas par la reconnaissance l'a laissé filer. La question qu'il faut donc se poser premièrement est : quelle est réellement l'utilité de tel bienfait et comment dois-je comprendre que c'en est un ?

Deuxièmement, d'où vient-il ? De Dieu. Dire qu'il émane du Seigneur n'est pas une façon de renier les moyens. Quand on dit être reconnaissant envers Dieu, cela ne signifie pas qu'il faut faire abstraction des causes. Ainsi le Prophète, paix et salut sur lui, dit une belle parole : «ne peut être reconnaissant vis à vis du Créateur, celui qui n'est pas reconnaissant vis-à-vis des Hommes.» Quant au fait de se demander ce que l'on va faire de ce bienfait, Dieu dit : «Agissez Ô famille de Daoud en guise de reconnaissance». La reconnaissance fait donc partie des traités de la moralité musulmane qui régissent le cheminement spirituel de tout individu et qui repose sur ces trois éléments essentiels.

➢ **La retraite**

« Al tabattoul » en arabe, signifie se couper complètement du monde extérieur pour se consacrer exclusivement à Allah. C'est pour cela que l'on appelle saydatouna Maryam, Maryam al Battoul, « Celle qui s'est consacrée uniquement à son Seigneur. » Le fait donc de se vouer purement à son Seigneur est une obligation spirituelle. Allah dit : «évoque le nom de ton Seigneur et consacre toi exclusivement à Lui.»

Se vouer exclusivement à Dieu s'opère premièrement par la parole. Aussi, agir et s'abstenir d'œuvrer ne doivent être motivés que pour Dieu. Toute chose qui ne mène pas à Dieu, c'est-à-dire les futilités, doit être mise de côté. Le « moutabattil » (qui fait l'acte de « tabattoul ») est celui qui analyse le côté licite et illicite des choses. Si elle est proscrite il l'arrête. Dans le cas où c'est légal, il examine si au bout d'un certain temps cela peut le conduire à franchir l'interdit. Prenons par exemple une personne qui aime trop parler du paradis. En pensant sans cesse aux délices du paradis, il finira par aimer la vie car tous les délices du paradis ont leur reflet sur Terre (les femmes, le vin, la nourriture...). Il finira par perdre patience et y goûter ici-bas. Un autre exemple : une personne qui aime trop s'apprêter, passer du temps devant le miroir. Avec le temps, cette personne risque de finir par ne plus considérer son Seigneur mais ne respectera qu'elle-même.

Ainsi le Prophète, paix et salut sur lui, interdit aux hommes de se coiffer tous les jours : tu te coiffes bien parfois et d'autres fois tu restes normal. Une fois que le moutabattil a vu l'utilité de cet élément, il regarde si c'est une priorité.

Se tourner exclusivement vers Allah, c'est l'art d'établir des priorités mais sans excès. Tout ce dont le corps à besoin, il faut le lui donner. Ibn 'Arbidi dit une belle parole à ce sujet: «tout cœur miséricordieux fera miséricorde à un faible et un pauvre.» Si un pauvre n'a rien à manger et te sollicite, tu lui donneras. Et il dit : «Ainsi quand tu es en colère, tu dois avoir pitié de ton âme, car le plus proche de toi c'est ton âme. Comment avoir pitié de son âme ? Venges toi.» Là, tu as rendu service à ton âme. Mais si une fois que tu as rendu service à ton âme en te vengeant, tu as pitié de celui sur qui tu t'es vengé, tu dois lui donner une aumône en regrettant. Même si ce n'est pas interdit. C'est ce que Dieu a voulu dire dans un verset du Coran : «celui qui vous fait du mal, faites-lui du mal similaire, la récompense du mal est un mal similaire, celui qui pardonne, sa récompense est auprès de Dieu». Si par contre tu ne ressens pas de colère, alors dans ce cas pardonne, tu n'as pas besoin de te venger.

«Il donne la sagesse à qui il veut et celui à qui Il a donné la sagesse, Il lui a certes accordé une énorme donation. Et seuls les doués d'intelligence raisonnent. » (s.2, v. 269). C'est sans doute ce verset qui résume le mieux la considération de la sagesse auprès d'Allah. Et la sagesse se définit dans la spiritualité musulmane différemment selon les niveaux. D'une manière générale, dans les agissements, la sagesse est l'art de mettre toute chose à sa place.

Ainsi, pour être sage, il faut non seulement avoir la connaissance, mais aussi avoir la capacité d'adapter son jugement au monde des variables. Ces variables sont au nombre de quatre: le temps, l'espace, les individus et les états d'esprit. Un jugement peut varier selon l'époque, selon l'espace (notamment à cause des cultures et coutumes), selon les individus mais aussi selon les états d'esprits. Et le sage est celui qui d'une part a la capacité de rendre un jugement selon la variabilité des situations, et qui d'autre part, garde en tête la finalité. Ainsi, un grand maître spirituel dit: «le sage dans ses propos est semblable à une tricoteuse: tant qu'il n'a pas fini de tricoter, on ne peut savoir où il veut en venir.» Voilà donc cette sagesse dont seuls les plus animés et éveillés spirituellement peuvent profiter.

D'ailleurs, Allah dans le Coran, a appelé la prophétie comme étant la sagesse suprême, en parlant de son prophète Daoud : «Et Nous renforçâmes son royaume et lui donnâmes la sagesse (ici la prophétie) et la faculté de bien juger».

La Sunna également est appelé sagesse dans le Coran : «Allah a fait don de bienfaits aux Hommes en envoyant vers eux un prophète, qui leur enseigne le Coran et la sagesse»(s.3, v.164) c'est à dire la Sunna. La Sunna est appelée ici sagesse car c'est la forme pratique des théories coraniques. Ainsi Seyidatouna Aicha disait: "le Prophète était un Coran qui marche".

Cependant, dans son cheminement, le croyant, est appelé à se lancer dans l'étude de la sagesse car elle s'apprend par l'expérimentation. Celui qui se refuse à cette pratique ne peut connaître la clarté et la portée d'une sagesse. Que pensez vous par exemple d'un homme qui n'a œuvré toute sa vie, même à la mosquée, qu'afin de gagner la célébrité et la reconnaissance des humains mais à la fin il ne sent pas de proximité avec Dieu ? Ainsi une sagesse soufie nous met en garde afin de connaître ses priorités : "Ne connaîtra point le plaisir de la foi celui qui ressent du plaisir à se faire connaître".

➢ La satisfaction

La satisfaction est le sommet de la wilaya. Dieu aime que son serviteur soit satisfait de ce qu'Il lui a donné. Lorsque Dieu a vanté les mérites de Ses rapprochés, Il dit : «Allah est satisfait d'eux, et eux sont satisfaits de Lui.» Comment peut-on être satisfait de Lui, si tous les jours l'Homme considère qu'Il ne lui a pas assez donné ou mal donné ? Comment veut-il que son Seigneur soit satisfait de lui, alors qu'Il voit que tous les jours, il ne prend même pas le temps de voir ce qu'Il lui a donné. Ainsi l'imam 'Ali dit : «la satisfaction fait partie du quart de la piété. Il faut estimer Dieu à sa juste valeur, mettre en pratique la révélation, il faut se satisfaire de ce que l'on a et il faut se préparer au retour.» Voilà les quatre parties de la piété.

Le Prophète, paix et salut sur lui, dit : «sois satisfait de ce que Dieu t'a apporté et tu seras le plus riche des gens.» Un homme vint un jour le voir et lui demanda : «comment faire pour que Dieu m'aime et comment faire pour que les gens m'aiment? Il lui répondit : renonce à ce que les gens ont et ils t'aimeront et renonce à la vie et ton Seigneur t'aimera.» Si tu renonces à ce que les Hommes ont, sans rien leur demander, leur emprunter et sans trop les solliciter, ils t'aimeront. La citation : «les bons comptes font les bons amis» rejoint cette thèse. Agir pareillement avec la vie conduira de la même manière à l'amour de Dieu.

Cependant, la satisfaction a un socle qui est la connaissance. Connaître les bienfaits que Dieu nous donne nous permet d'être satisfait. Ibn 'Atta Allah dit dans ce sens: «connaître les raisons du refus, les transformeront en grande donation».

Aussi, la satisfaction est opposée au fait d'être gâté. Se voir accepter tout ce que l'on souhaite, ce n'est pas cela être satisfait. Un enfant doit avoir ce dont il a besoin et non ce qu'il veut car il ne sait pas ce qui est nocif pour lui. De même, agréer Dieu est impossible si on n'a pas confiance en Lui. Dieu dit : «vous pouvez aimer une chose alors que c'est mauvais pour vous. Vous pouvez détester une chose alors que c'est bien pour vous. Donc Dieu seul sait et vous ne savez pas». Lui faire confiance revient donc à renoncer à notre connaissance. Zaynoul 'abidin disait : «Ô Seigneur accorde moi une foi véridique et une certitude qui me poussera à savoir que rien de ce que Tu n'as pas décidé pour moi ne m'atteindra. Et donne-moi l'autosatisfaction de tout ce que tu m'as apporté dans ce bas monde.»

➢ Le djihad

Comme le dit notre bien-aimé le Prophète: «le djihadiste
est celui qui combat son âme afin de la soumettre au
bon vouloir d 'Allah». Il y a donc un combat qui oppose
non seulement la raison à l'ignorance, mais aussi l'âme à
l'ego, la passion à la pureté. Tout ceci est un combat
perpétuel. Ainsi, celui qui réussit est celui qui dirige
l'épée du combat vers son âme d'abord.

Le Prophète dit dans un hadith de Bukhari: «le puissant
et le fort n'est pas celui qui terrasse son ennemi mais le
puissant et le fort est celui qui contient son âme lorsque
la colère le saisi». Le fort n'est donc pas celui qui
terrasse physiquement l'ennemi, mais c'est celui qui
terrasse l'ennemi intérieur, c'est- à-dire ses passions, ses
émotions ou même les tentations, quelles que soient
leurs formes. L'Aïd, la fête du sacrifice, n'a été instaurée
qu'afin de reproduire ce combat intérieur, ce sacrifice
spirituel. Une manière de montrer qu'en égorgeant une
bête, ce n'est pas tout simplement de la chair et du sang
que l'on cherche à avoir, car Dieu dit: «ce n'est ni la
chair ni du sang qui atteindront votre Seigneur, mais
c'est la piété de votre part qui va l'atteindre ».
Mais au moment d'égorger, il s'agit bien de montrer
qu'on a mis fin à l'existence de l'ego, à la présence de la
passion, tel un homme à qui on a demandé d'égorger
son fils.

Toutes les passions pouvant empêcher l'Homme de voir son Seigneur doivent être égorgées par le couteau de la soumission. Seyidina Ibrahim a su comprendre la symbolique de cet acte. Il a su accepter volontiers de mettre en application cette symbolique et la délivrance lui est venue grâce à sa sincérité. Allah dit: «lorsque tous deux se furent soumis au bon vouloir de leur Seigneur et qu'il a couché son fils sur le flanc, alors nous l'interpellâmes : « Ô Ibrahim ! Tu as rendu véridique la vision que nous t'avions donnée. C'est ainsi que Nous récompensons les bienfaisants » C'était là certes, l'épreuve manifeste. Alors Nous le rançonnâmes d'une immolation généreuse.» (s.37, v.103-107)

Voilà le réel sens du mot djihad. Le Prophète, paix et salut sur, soucieux de l'expliquer à sa communauté, et en premier à ses compagnons, dit d'une manière claire, précise et sans aucun besoin d'interprétation : «Le djihadiste est celui qui combat son égo afin de se conformer à la dévotion face à Allah.»

> ## Le repentir

«Dis : Ô vous mes serviteurs qui avaient commis des excès à votre propre détriment, ne désespérez pas de la miséricorde d'ALLAH, car certes ALLAH pardonne tous les péchés. C'est lui le Grand Pardonneur, le Très Miséricordieux.» S39 v53.

S'il n'y avait, dans tout le Saint Coran, que ce noble verset alors il aurait suffi pour redonner espoir à tous ceux, qui se noient dans les remords et sont hantés par le sentiment d'éloignement spirituel. Les hommes ont jusqu'ici eu tendance à penser que les péchés leur ôtaient le droit d'être absous puis accueillis par leur seigneur. C'est à se demander à quoi servirait le pardon divin s'il n'était pas destiné aux pécheurs? Les fausses idées que certains véhiculent font qu'aujourd'hui le croyant doit réapprendre à compter sur la grandeur de son Seigneur, conscient des faiblesses de l'Homme. Comme le disait un homme saint: « je suis certes pécheur, désespéré et par-dessus tout têtu mais mon Seigneur est Grand Pardonneur, Miséricordieux et il me suffit. Mes trois faiblesses face à ses trois attributs ne feront pas le poids » Les différents degrés du repentir

Il existe dans le Coran trois catégories de repentir : La Tawba qui correspond au repentir des « aspirants » à la recherche de leur Seigneur. Ce niveau consiste à renoncer aux péchés par le corps bien que le désir de recommencer demeure.

Ceci concerne la majeure partie des croyants. L'Inaba correspondant au repentir des « itinérants » qui cheminent vers Allah et qui sont parvenus à enlever de leur cœur l'envie même de désobéir. On retrouve ce terme dans le Coran exclusivement pour désigner le cœur, comme l'indique le verset 33 de la sourate 50.

L'Awba en référence au niveau le plus élevé et le plus sincère du repentir. Il concerne les « arrivants », ceux qui ne désobéissent pas par leur corps, leur cœur ne désire pas le mal, leur esprit et leurs pensées sont totalement tournés vers leur Seigneur. Ce terme est employé dans le coran uniquement pour désigner les Prophètes et les Messagers comme c'est le cas dans les versets 17, 30 et 44 de la sourate 38.

«repentez vous tous vers Allah ô croyant afin de récolter le succès» s.24 v.31.

> ## La pudeur

La pudeur est de savoir et ressentir qu'il ne nous appartient pas de rabaisser notre âme à toute forme de bassesse. Il ne faut d'ailleurs pas la confondre avec la fausse pudeur, que l'on appelle la honte ou la timidité. Il ne suffit pas d'être pudique dans les paroles, il faut aussi l'être dans les agissements. Mentir doit pousser l'Homme à la honte de dévaloriser l'humain qu'il est à un rang d'animal en se rabaissant à une bassesse intellectuelle. La pudeur est de considérer que la noblesse qui est en nous ne doit pas être pervertie en lui imposant toute forme de bassesse. Le Prophète, paix et salut sur lui, était assis un jour avec ses compagnons. On voyait ses jambes sans que cela ne le pousse à changer sa posture. En lui annonçant l'arrivée de Sayidna 'Othman, il se leva, changea de position et cacha ses jambes. On lui demanda «pourquoi changes-tu de position ?» Il répondit : «ne dois-je pas montrer plus de pudeur à celui dont tous les anges sont pudiques face à lui ?».

Être pudique est aussi l'art de préserver l'aisance d'autrui, de ne pas mettre l'autre mal à l'aise. Il y a donc deux formes de pudeur : la pudeur en soit qui est obligatoire, et la pudeur envers autrui qui est un supplément, une forme d'aumône. Le Prophète, paix et salut sur lui, considère que de la même manière que les anges sont pudiques vis-à-vis de lui, il doit montrer sa solidarité avec la pudeur des anges.

Ceci se traduisant en ayant une position ne pouvant pas mettre à l'aise Sayidna 'Othman.

Aussi par pudeur, les grands rapprochés de Dieu considèrent qu'il n'appartient pas à l'Homme pudique de s'adonner à l'adoration des divinités. Adorer une autre divinité, outre le fait qu'il s'agisse d'un péché majeur, est une honte à notre propre intelligence. Ainsi l'a justifié Sayidna Youssouf, quand il dit : «j'ai abandonné la voie des associateurs et suivi la voie de mes aïeux Ibrahim, Isaac et Yaaqoub» et il dit : «il ne nous appartient pas d'associer Dieu dans nos adorations.» Il ne veut pas casser la chaîne, il ne veut pas, par pudeur pour son âme, être le maillon faible. Dieu dit, toujours dans ce sens : «Étiez-vous témoins quand la mort se présenta à Yaaqoub et qu'il dit à ses fils : «Qu'adorerez-vous après moi"? - Ils répondirent : «Nous adorerons ta divinité et la divinité de tes pères, Abraham, Ismail et Isaac, Divinité Unique et à laquelle nous sommes soumis".

➢ **La sincérité**

La sincérité est le secret qui lie Dieu à son serviteur. Dans un hadith qudsi Dieu dit : «la sincérité est un secret entre Moi et Mon serviteur, Je l'ai caché dans les poitrines de ceux que J'aime, aucun ange ne peut s'en rendre compte pour écrire sa récompense et aucun diable ne peut s'en rendre compte afin d'effectuer des changements.» La sincérité est le secret de la réussite que Dieu a caché dans les poitrines de ceux qu'Il aime. Elle doit être présente avant d'effectuer l'acte, au moment de le faire et après l'avoir fait. La seule motivation est de plaire à notre Seigneur. Avant l'acte, Dieu est ma seule considération, au moment de le faire, Il est ma préoccupation et une fois l'acte accompli, Il occupe toujours ma raison. Ainsi, la sincérité est de dimension intérieure. La constance, elle, est visible. La véracité est la vertu la plus difficile car même si elle est présente au moment de faire l'acte, ce dernier peut être réduit à néant si des pensées ou des paroles infidèles à la motivation première viennent s'inviter une fois l'acte accompli. Et ce, même dix ans après l'œuvre effectuée. Dieu dit : «Ô vous qui avez cru n'anéantissez pas vos œuvres.»

Le véritable challenge donc, n'est pas d'agir en toute sincérité, mais c'est l'art de préserver la pérennité de l'action. «Ô vous qui avez cru, ne détruisez pas vos œuvres en les répétant ou en réagissant d'une manière qui anéantit tout.»

Le Prophète, paix et salut sur lui, dit : «la récompense des actions ne dépend que de la force des intentions». Dieu dit dans le Coran : «la seule chose à laquelle Je vous exhorte fortement est d'entretenir vos liens avec Dieu dans la totale sincérité.» C'est dans ce sens que le Prophète, paix et salut sur lui, dit à un de ses compagnons : «Ô Muadh, sois sincère et le peu d'action te suffira.»

Malheureusement, beaucoup d'actions sont anéanties par l'associationnisme. Cet associationnisme qu'il faut craindre n'est rien d'autre que l'ostentation. Être ostentatoire ne se réduit pas simplement à agir pour que les autres voient ton œuvre, mais c'est aussi de raconter ce que l'on a fait pour que les gens le sachent. Ibn 'Atta Allah part beaucoup plus loin, en disant : «celui qui fait une action à l'insu des gens, prenant le soin de bien le cacher, sans jamais le montrer, mais se disant fièrement en son for intérieur : « ah si les gens savaient ce que je fais, ce que je suis... », il vient de tomber dans l'ostentation et a ainsi anéanti sont capital sincérité. »

➢ La véracité

La véracité est le degré spirituel le plus haut après la prophétie qu'un homme peut atteindre. Dieu dans le Coran cite ces « maqamat » graduellement, Il dit : «ceux-là seront avec ceux qu'Allah a comblés de Ses bienfaits : les prophètes, les véridiques, les martyrs, et les vertueux». Mais les plus grands de ces véridiques sont ceux dont aucun membre de leur corps ne comporte du faux. Ainsi est la véracité. Dieu dit : «oui les propos peuvent être sincères mais les yeux peuvent trahir.» et aussi: «je connais la trahison du regard.» Nous pouvons regarder quelqu'un d'un regard de compassion alors que nous éprouvons de la haine pour cette personne. Dieu considère donc que les yeux peuvent mentir. Il en est de même pour le ventre.

Un homme dit un jour au Prophète, paix et salut sur lui : «mon frère est malade, il ressent des douleurs au ventre». Le Prophète lui conseille alors : «donne lui tel médicament.» Après lui avoir donné ce médicament, le frère n'a pas guéri. L'homme revient en informer le Prophète, paix et salut sur lui, qui lui dit alors: «Dieu a dit vrai (par le médicament) et le ventre de ton frère a menti, va et redonne lui.» Il repartit lui donner et son frère guérit enfin. Ainsi, même notre corps peut mal réagir avec la vérité, de la même manière que la conscience peut mal réagir avec la vérité. La véracité consiste donc à ce que chaque parcelle de ton existence soit démunie de tout ce qui est contraire à la réalité.

Ce haut maqam fut celui dans lequel a baigné Sayidna Abou Bakr, c'est pourquoi on l'appelle As Sidiq. Il n'est d'ailleurs pas le seul à avoir ce haut rang ; ce fut le cas également de seydatuna Maryam. Dieu dit : «sa mère (de Sayidna Issa) est une siddiqa.» Sayidna Abou Bakr et Saydatuna Maryam sont égaux en matière de niveau spirituel. Ce maqam est le plus haut et les femmes comme les hommes peuvent y concourir. Cependant, la femme ne peut pas concourir à la Qutbaniya car la Qutbaniya est un rôle, tout comme la prophétie, avant d'être un maqam. Toutefois, le Qoutb n'est pas plus haut que le Siddiq. En effet, le Qoutb est choisi parmi les sidiqqin comme on choisirait un imam parmi tant d'autres. Dieu n'a, en effet, pas dit : «les prophètes, les aqtab, les véridiques...». Par contre le maqam lui-même est accessible aux hommes comme aux femmes. Parmi les hadiths qui doivent résonner dans la conscience de tous, enfant et adulte, femme et homme, celui-ci : «soyez partisan de la véracité car elle conduit à la bonté et la bonté conduit à la satisfaction d'Allah. Et l'Homme ne cessera d'être véridique et de s'imposer la véracité jusqu'à ce qu'on écrive auprès de Dieu qu'il a atteint le maqam de siddiqin. Et évitez le faux. Le faux mène à la perversité et la perversité à la colère de Dieu. L'Homme ne cessera d'être faux et de s'imposer des mensonges (se trouver des excuses) jusqu'à ce que l'on écrive auprès de Dieu qu'il n'existe pas, que c'est du faux.»

> ## L'autocritique

Comme le dit notre maître Seyidina Omar: "Jugez-vous avant d'être jugés et pesez vous sur la balance de la rectitude avant que l'on ne pèse vos actions pour vous". Ainsi, ne peut avancer dans sa vie celui qui ne prend pas le temps de s'interroger sur la rectitude ou non de ses décisions ou pensées car une bonne action émane d'une bonne réflexion et une bonne réflexion émane d'une bonne observation. Dieu dans un verset du Coran nous fait part de ces trois éléments: la force de la perception, de la réflexion et de l'action. Il dit : «votre Seigneur vous a fait sortir des ventres de vos mères dénués de tout savoir, il vous a donné la vue et l'ouïe comme moyen de perception, et Il vous a donné le cœur (la conscience) comme moyen de réflexion afin que vous soyez reconnaissants» (s. 16, v. 78), c'est à dire afin que vous mettiez tout en application.

Ainsi, celui qui avance tête baissée ne réussit pas. Celui qui œuvre dans le bien sans prendre le recul nécessaire pour s'autocritiquer et juger la pertinence de ses actions, ne peut évoluer dans le bien et pérenniser son action. Voilà pourquoi le musulman garde l'humilité d'apprendre toute sa vie. Comme dit notre bien-aimé le Prophète "l'étude de la connaissance c'est du berceau au tombeau". Nous ne parlons pas des théories mais de l'étude expérimentale, de ce que l'on augmente dans sa vie grâce à ses actions de tous les jours.

Et l'autocritique est avant tout un dialogue entre l'homme et son âme. Je vous laisse pour finir admirer ci-dessous la discussion que notre maître Seyidina Ali a eue avec lui-même au milieu de la nuit, comme nous le relate son disciple Dirar : «Ô toi la vie, est-ce moi que tu cherches à tromper ou plutôt me séduire tentes-tu ? Tu perds ton temps, tournes-toi vers autre que moi. Après trois divorces que je t'adresse, tu ne peux revenir vers moi. Ton existence est courte, ta compagnie humiliante, ton danger à mes yeux insignifiant. Je me plains de la petitesse de mes provisions de l'éloignement de mon voyage et de la solitude de mon parcours»

➢ **L'endurance**

La wilaya débute par al tawba, le repentir. Cette wilaya est accompagnée de l'endurance et couronnée par la reconnaissance. Dans la langue arabe, « Assabr », donc l'endurance, signifie être enchainé. L'endurance revient donc à enchaîner son âme et ne pas la laisser dans sa lancée. Par exemple, l'émotion se réveille mais, pour ne pas la laisser déborder, nous l'enchaînons. La colère, nous l'empêchons de déborder. Nous pouvons même cacher notre joie, comme Sayidna Yussuf voyant ses frères a dissimulé son émotion. Ainsi il dit : «celui qui est pieux et qui endure Allah le soutiendra.». S'il s'était précipité à montrer une joie excessive au moment de rencontrer ses frères après des années sans se voir, on découvrira que c'est Sayidna Yussuf avant même qu'il ne puisse reprendre ses frères et montrer leur injustice.

L'endurance est donc de prendre sur soi, d'enchaîner ses émotions, passions, sa raison, ses intuitions afin de prendre le temps nécessaire de laisser germer ce qu'on a planté. Allah nous fait passer par des épreuves, des souffrances afin de nous purifier. Dieu purifie nos émotions en faisant en sorte qu'elles ne nous gagnent plus. A chaque fois que nos émotions prennent le dessus, nous poussons à dévoiler un secret à une personne, celle-ci nous trahi. Nous apprendrons alors à ne pas dévoiler nos secrets.

Si à chaque fois que tu as pensé à quelque chose tu t'es trompé, tu ne te fieras plus à tes pensées. Si à force de minimiser une personne, il te surprend, tu cesseras de minimiser autrui. Voilà ce qu'est la purification. C'est enlever la part impure qui est en nous.

Lors de cette purification par les épreuves, il faut alors faire preuve d'endurance. D'où le mot « fitna » en arabe qui signifie, plonger l'or dans les flammes. On dit « fatantou dhahab », c'est-à-dire « j'ai éprouvé l'or ». Nous plongeons l'or dans le feu pour enlever les mauvais résidus. Un cheikh disait : «l'or ne laisse paraître sa beauté que lorsqu'on le plonge dans les flammes». Ainsi ce sont les souffrances de l'Homme, ses épreuves qui le forgent. Dans ce sens, on peut considérer qu'avoir de l'argent est une épreuve car cela nous permet de connaître notre manière de l'utiliser : sommes-nous trop dépensiers, gaspilleurs, avares ? Autant d'éléments qui nous permettent de mieux se connaître et sans lesquels nous serions incapables de savoir ce que l'on veut. Ainsi Dieu dit : «je vous éprouve par le bien et par le mal.»

➤ La mesure

La mesure est le contraire du gaspillage. Le juste milieu est aimé et loué par Dieu car, par Sa sagesse, malgré qu'Il ait tout, Il n'a cependant pas tout donné. Il sait tout mais n'a pas tout révélé. Ainsi Ibn 'Ata Allah a dit : «celui qui fait part de toutes ses expériences, mentionne toute ses connaissances, sois sûr de son ignorance.» Tout ce que nous montrons doit être moindre que ce que tu caches. Etre modéré c'est donc être économe. Réduire cette mesure dans le cadre de l'argent est alors une grosse erreur. En parlant du fait de dépenser, Allah dit : «ils dépensent de ce que nous leurs avons attribué.» Pensez-vous alors qu'Il ne nous a attribué que de l'argent? Ne nous a-t-Il pas attribué un souffle de vie, une force mentale, des émotions, la passion ? Ainsi, il nous faut le dépenser dans le bien. Ibn 'Ata Allah dit : «Il ne t'a doté du désir qu'afin que tu puisses aspirer à Lui. En aspirant à Allah tu as fait don de miséricorde à toi-même.» Le Prophète, paix et salut sur lui, dit : «donne à chaque ayant droit son dû.» Ton corps a un droit, donne le lui. Ta raison, ta famille, tes amis, ta société, ta religion, ta communauté, tout ceci doit recevoir à la hauteur de ta donation. Dieu dit : «que le détenteur des largesses dépense selon ses largesses et que celui dont ses largesses ont été restreintes dépense selon ses acquis.»

La première faculté de l'économe est donc d'être conscient de ses capacités. Ensuite, la dépense doit être accomplie en toute sagesse, en toute mesure. Le Prophète, paix et salut sur lui, considère blâmable le fait de réciter le Coran pour le finir tous les jours ou tous les moins de trois jours, car c'est contradictoire avec cette mesure. Il a interdit aussi de prier toutes les nuits, de se refuser au mariage, que l'on refuse de vivre en communauté ; tout ceci parce qu'il considère que le juste milieu est d'apporter chaque chose selon ses capacités, et selon les besoins de l'autre. Allah dit : «établissez la balance en toute équité.»

Que ce soit d'ordre médical ou spirituel l'Homme doit trouver cet équilibre et adapter son corps et son âme selon ses besoins et ses pathologies. Etre jaloux, ce qui relève de l'âme, ou atteint de diabète, ce qui est relatif au corps, nécessite de réajuster les niveaux spirituels et corporels afin de trouver cette mesure, afin que l'Homme vive en toute harmonie avec lui-même. Concernant cette mesure, Dieu dit : «Et Il a établi la balance.»

➢ **La sérénité**

La sérénité est à la fois un résultat et un fondement. De la même manière que l'on est obligé de passer par une voie pour avoir la sérénité, cette sérénité est indispensable pour acquérir d'autres éléments. Le mot « Assakina », en arabe, est relatif aux tentes. Lorsque les bédouins s'installaient dans un lieu, ils montaient les tentes et les attachaient et clouaient au sol. Une fois que celles-ci étaient bien installées et solides, on disait alors : la tente est sereine, elle est équilibrée. La définition de la sérénité renvoie donc à un sentiment qui pousse à l'équilibre des forces.

Son contraire est d'être gagné sans cesse par la peur, l'interrogation. Par exemple: si un enfant se casse la jambe, une personne qui aura pitié ne pourra venir en aide à l'enfant, tandis qu'une autre prendra l'enfant, remettra en place son os, stoppera l'hémorragie et l'emmènera à l'hôpital. Nous ne dirons pas que la première personne a de la pitié et que la deuxième est sans cœur. Les deux ont de la pitié sauf que chez la première personne, la pitié s'est manifestée par l'incapacité de tendre sa main alors que chez la deuxième, sa pitié s'est manifestée par une force intérieure lui permettant de pouvoir mettre fin à la souffrance d'autrui. Cependant, la deuxième personne est considérée comme une personne équilibrée et non la première.

Ainsi, si le médecin n'était pas assez équilibré dans les forces qui gravitent en lui, il n'aurait pas la force d'ouvrir un ventre pour faire une opération. Quant à la sérénité chez le soufi, c'est le fait de ne plus être perturbé par le monde des variables ; il n'est plus perturbé car il sait que la destinée existe. Tout ce qui m'a touché n'était que la volonté de Dieu. C'est à cela que sert la sérénité. Il ne faut pas savoir ce qui nous attend mais juste savoir à qui on a à faire. La sérénité doit-être le fruit d'une connaissance. Dieu dit : «c'est en invoquant Dieu que les cœurs connaissent la sérénité.»

En effet, en évoquant Dieu, Il se dévoile à toi. En évoquant Allah par son nom de miséricordieux, Il se manifestera par la miséricorde. Implore Allah par son nom le juste, Il se manifestera à toi par ses caractéristiques du juste et tu sauras que la justice auprès de Dieu n'est pas de t'en vouloir pour ce qu'Il a fait de toi... Le dhikr ramène donc à la sérénité, Dieu dit : «N'est-ce point par l'évocation d'Allah que se tranquillisent les cœurs ?»

> ## Le renoncement

Dans la notion de renoncement, il y a à la fois un sens propre et un sens figuré. Le sens propre est de renoncer à quelque chose alors que nous la détenons. Dans ce sens-là, l'Homme ne peut pas faire de renoncement car on ne peut pas renoncer à ce que l'on n'a pas. Oui, quoique l'homme puisse posséder, cela reste infime. De plus, tout ce qu'il possède, c'est Dieu qui le lui a accordé. Comment donc renoncer à quelque-chose que tu n'as eue que par la grâce de Dieu ? Surtout que la volonté divine consiste à manifester et laisser apercevoir les bienfaits divins. Le Prophète, paix et salut sur lui, dit : «Allah aime lorsqu'Il donne un bienfait à son serviteur, que l'on voit les effets de ce bienfait sur lui.» Si par exemple tu possèdes beaucoup d'argent, cela doit se voir sur toi. Dans un hadith, le Prophète, paix et salut sur lui, dit à un homme riche qui se négligeait physiquement : «achètes toi de jolies choses, Allah aime quand Il fait don de quelque-chose que cela se voit en nous.» Quand Allah nous fait don de la force physique, de la connaissance, Il aime que cela se voie en nous. Ainsi Dieu dit souvent dans le Coran: «ils croient et font des bonnes actions», c'est-à-dire qu'on ne peut exprimer la foi dans l'associer à l'action.

Dieu a deux caractéristiques, il possède à la fois des sifats jalal et des sifats jamal, résumées en un seul nom : « dhouljalali wal ikram ».

Sifatoul jalal sont les caractéristiques qui représentent la force, la royauté, la suprématie, la grandeur. Quant à Al Jamal, ce sont les caractéristiques qui représentent la miséricorde, la douceur, la compréhension, la passion, la donation, la protection. Dieu dit : «et j'ai fait du jour et de la nuit deux preuves. Nous avons caché le signe de la nuit et nous avons rendu visible le jour.» Et ce, afin qu'il y ait une différence entre le moment de force et de rigueur pour gagner sa vie et le moment de douceur, de tendresse et de repos.

On ne peut pas dire que l'un est meilleur que l'autre.

Le renoncement donc, n'est pas de bannir les bienfaits d'Allah mais de pouvoir les utiliser dans le bon sens.

Cependant quand on parle de renoncement ce n'est pas dans le sens propre qui ne s'adresse qu'au visible et au physique, mais au sens figuré qui s'adresse au cœur, que l'on appelle l'attachement.

➤ Le savoir

Le savoir est une vertu car Allah l'a considéré comme une source de vie. De même qu'Il considère l'ignorance comme étant une mort. Il compare également la connaissance à la vue, et l'ignorance à l'aveuglement. Il dit donc : «L'aveugle et le voyant ne sont pas semblables, ni les ténèbres et la lumière, ni l'ombre et la chaleur ardente, et les morts ne sont pas comme les vivants» (s.35, v19-22), et Il dit dans un autre verset: «Dis leur: ceux qui savent sont-ils comparables à ceux qui ne savent pas?» (s.39, v.9). C'est pourquoi le premier message adressé à l'humanité fut « iqra », «apprends, cultive ta connaissance».

Il existe trois formes de connaissance : celle théologique, qui est la branche du savoir dont les enseignements ont pour but de comprendre la volonté d'Allah envers ses serviteurs ; la connaissance de la création d'Allah (qui elle aussi fait partie du domaine religieux), c'est le savoir qui nous permet de connaître l'œuvre de Dieu. Ce domaine est le plus vaste de tous ; tous ceux qui travaillent dans le domaine profane sont concernés, du médecin à l'architecte en passant par l'agriculteur et le couturier. Il y a enfin connaître Allah, c'est-à-dire percer le mystère de notre existence et retrouver synchronisation avec notre Maître, Celui de qui nous émanons. Cela relève du domaine du spirituel.

Ainsi donc, le disciple doit évoluer dans ces trois connaissances : la connaissance de la volonté de Dieu (qu'il s'agisse de la théologie, la morale ou autre), la connaissance de la création de Dieu, de l'œuvre du Seigneur (ceci afin d'être utile dans son monde et de pouvoir préserver sa pérennité biologique), et enfin la connaissance divine, qui est celle vers laquelle tout le monde tend. Notre bien-aimé le Prophète dit : «Les savants sont les héritiers des Prophètes, car l'héritage des Prophètes n'est que connaissance». Il dit également : «la différence entre le savant et l'adorateur est telle la différence entre le Prophète et le moins pieux de la communauté», et aussi : «même les poissons dans la mer, même les fourmis dans leur terrier, demandent pardon en faveur du savant».

➢ Placer sa confiance

« Al tawakkul » désigne le fait de placer sa confiance en Allah après avoir pris les dispositions nécessaires. Celui qui ne prend pas ces mesures indispensables, s'est laissé aller. A ce sujet, le Prophète dit un jour à Seyidina Mu'adh: «Ô Mu'adh ! Connais-tu le droit d'Allah sur les serviteurs et le droit des serviteurs sur Allah?» Il répondit que non. Alors le Prophète dit : «le droit d'Allah sur les serviteurs c'est qu'ils l'adorent et qu'il ne lui associent rien. Et le droit des serviteurs sur Allah c'est qu'Il les fasse tous rentrer au paradis». Il lui dit donc : «Ô Messager de Dieu, laisse-moi annoncer la bonne nouvelle aux croyants !» Il lui dit : « Non, ne leur annonce pas cette bonne nouvelle, ils vont tous placer leur confiance en Dieu et ne pas se mettre à l'œuvre.»

Ainsi, l'adoration ne peut être considérée comme telle qu'après avoir placé sa confiance et pris ses dispositions. C'est pourquoi il y a un verset qui nous explique en toute réalité ce qu'est le fait de placer sa confiance : "Et place ta confiance dans le Tout Puissant, le Très Miséricordieux" (s.26, v.217). Premièrement, « place ta confiance », montre que l'humain est faible et a besoin d'un soutien, d'une aide. Dieu dit donc : «dans le Tout Puissant».

Une manière de montrer que celui qui place sa confiance a besoin de soutien, et il ne peut pas se reposer que sur une force inépuisable, celle du Tout Puissant. Dieu dit d'ailleurs: "ceux qui cherchent d'autres soutiens en dehors d'Allah sont semblables à l'araignée qui pour s'abriter construit une maison, alors que la maison la plus fragile est celle de l'araignée. Si seulement ils pouvaient réfléchir» (s.29, v.41). Puis il dit : «le Tout Miséricordieux», car l'Homme a besoin de placer sa confiance en un Puissant certes, mais aussi remplit de compassion pour tes souffrances. Le Prophète nous montre les effets de « tawakkul » lorsqu'il dit : "si vous aviez placé votre confiance en Allah comme il se devait, il vous aurait donné la subsistance comme il la donne à l'oiseau. L'oiseau se lève le matin, sort de chez lui et n'a rien à manger. Il rentre le soir chez lui le ventre plein, et il ramène avec lui la subsistance de ses enfants.

Voilà comment Allah vous donnerait la subsistance si vous aviez placé votre confiance en Lui comme il se doit». Et sur ce point les maîtres soufis nous appellent à ne pas abandonner les moyens, puisque le Prophète nous a fait savoir que l'oiseau sort le matin, cherche sa subsistance et rentre le soir. De plus, il faut éviter de penser que la subsistance est réduite à l'argent, car en réalité, tout ce qui est nécessaire à ton existence est une subsistance.

➢ Se défaire de tout

Nous avions évoqué dans les morales précédentes le renoncement, consistant à renoncer à la vie, aux bienfaits du Seigneur. On ne ressent de goût spirituel qu'en vivant le Seigneur, considérant en quelque sorte que Ses bienfaits ne sont qu'une forme de tentation. Cependant, le fait de se défaire ne réside pas dans les bienfaits eux-mêmes, mais plutôt dans les caractéristiques et les moyens.

Prenons l'exemple du croyant se trouvant dans une situation critique, il invoque son Seigneur L'implorant de le soutenir. Se défaire de tout, que l'on appelle en arabe « Al tajrid », c'est de se défaire de l'invocation. Cela consiste à éliminer tout ce qui est une cause et un moyen entre toi et Allah. Pour illustrer ceci, prenons l'exemple de Sayidna Ibrahim lorsqu'il fut jeté dans le feu. Sayidna Djibril vint le voir et lui dit : «As-tu une demande à formuler ?» Sayidna Ibrahim lui dit : «de toi, non». Sayidna Djibril lui dit alors: «de ton Seigneur alors?» Sayidna Ibrahim lui répondit : «sa connaissance de ma situation suffit comme invocation». Donc nul besoin de l'implorer. C'est dans ce sens que le Prophète tournait son cœur et son âme vers son Seigneur mais n'utilisait pas sa langue pour l'implorer de changer la qibla. Allah lui dit alors : «Nous avons vu ton visage se tourner vers la grandeur de ton Seigneur. Nous accédons à ta demande.» (s.2, v.144).

Refuser d'invoquer est donc une manière de renoncer. L'Homme doit se défaire des sifats qui sont artificieuses. Le« tajrid » doit donc s'opérer dans l'invocation mais aussi dans la recherche de moyens. Ce n'est pas le contraire de « tawakkul », c'est à dire placer sa confiance, qui n'est effectif qu'en cherchant les moyens, mais c'est un niveau supérieur, c'est ressentir cette sensation d'acceptation de la volonté divine tout en rejetant tout ce qui ne le mènera pas vers Lui.

Il n'y a en effet plus de recherche de moyens, celui qui est face à l'ennemi, laisse son sort entre les mains de son Seigneur. S'il doit mourir, il mourra, s'il ne doit pas mourir, il ne mourra pas. Ainsi, Ibn Ata Allah dit: "la meilleure chose que tu puisses demander à ton Seigneur, c'est de pouvoir faire ce qu'il attend de toi.".

Pour plus de livres et des cahiers d'exercices, d'activités ou de coloriages en arabe ou islamique, veuillez visiter notre page d'auteur : « **Aicha Mhamed** »

www.ingramcontent.com/pod-product-compliance
Lightning Source LLC
Chambersburg PA
CBHW071620150726
48000CB00004B/1812